Hermann Hovedissen

König Albrechts I. Verhältnis zu Böhmen

Hermann Hovedissen

König Albrechts I. Verhältnis zu Böhmen

ISBN/EAN: 9783744708869

Hergestellt in Europa, USA, Kanada, Australien, Japan

Cover: Foto ©ninafisch / pixelio.de

Weitere Bücher finden Sie auf **www.hansebooks.com**

König Albrechts I. Verhältnis zu Böhmen.

Inaugural-Dissertation

zur

Erlangung der philosophischen Doktorwürde

der

Friedrich-Alexanders-Universität

zu

Erlangen

am 30. Juni 1891.

Vorgelegt von

Hermann Hovedissen

aus Lüdenhausen (Lippe).

Nordhausen a./H.

Druck von C. Kirchner's Buchdruckerei (Inh.: F. C. Schmülling).

Seinen Eltern

in Liebe und Dankbarkeit.

Seinen Eltern

in Liebe und Dankbarkeit.

Mit der Erhebung Rudolfs von Habsburg auf den deutschen Königsthron begann für den stolzen Böhmenkönig Ottokar eine Zeit tiefer Demütigung; alle Früchte seiner bis dahin so erfolgreichen Regierung musste er herausgeben, die Arbeit seines Lebens war verloren. Wohl machte er noch einen Versuch, das Verlorene wiederzugewinnen, aber das Glück, welches ihm so lange gelächelt hatte, war von ihm gewichen. Nur seine Ehre vermochte er zu retten: auf dem Marchfelde fand er den Heldentod, nachdem die Schlacht sich gegen ihn entschieden hatte. Sein Sohn und Nachfolger, Wenzel II., ein Knabe von sieben Jahren, blieb auf Böhmen und Mähren beschränkt, Oesterreich und Steiermark verlieh Rudolf seinen Söhnen, Kärnten und Krain[1]) seinem treuen Verbündeten, dem Grafen Meinhard von Tirol. König Rudolf selbst trat dann zu Wenzel II., dem er seine Tochter Guta vermählte, in ein freundliches Verhältnis und blieb bis an seinen Tod dessen väterlicher Ratgeber. Anders sein Sohn Albrecht. Er besass den grössten Teil der dem Böhmenkönige entrissenen Länder, und das konnte dieser nicht vergessen. Es mag noch persönliche Antipathie der beiden so grundverschiedenen Fürsten hinzugekommen sein, jedenfalls hatte Wenzel den Gedanken an Wiederherstellung der Monarchie Ottokars nicht aufgegeben und hoffte, bei dem Übergang des deutschen Königtums auf ein anderes

---

[1]) Letzteres als Pfand. Vgl. Th. Lindner, Deutsche Gesch. unter den Habsburgern und Luxemburgern (Stuttg. 1890) I, S. 58.

Haus seinen Zweck zu erreichen[1]). Daher arbeitete er den Bemühungen Albrechts um die Nachfolge im Reiche mit allen ihm zu Gebote stehenden Mitteln entgegen und bewirkte auch durch seine Verhandlungen mit den andern Kurfürsten, dass dessen Wahl unmöglich wurde[2]). Doch auch König Adolf entsprach den Erwartungen nicht, welche Wenzel an seine Erhebung geknüpft hatte. Trotz seiner anfänglichen Willfährigkeit, die Ansprüche des Böhmenkönigs auf Oesterreich, Steiermark und Kärnten zu begünstigen, ja, selbst seine vermeintlichen Rechte auf Meissen zu berücksichtigen, sah dieser doch bald ein, dass er durch Adolf niemals in den Besitz der verlorenen Herzogtümer gelangen, Meissen aber vom deutschen Könige selbst begehrt werde. Als daher seine Tochter Agnes, die Gemahlin von Adolfs Sohn Ruprecht, im Jahre 1296 starb, und dadurch auch das verwandtschaftliche Band, welches die

---

[1]) Vergl. Wilh. Preger, Albrecht von Oesterreich und Adolf von Nassau. 2. Aufl. Leipzig 1869. S. 9 fg.
Dass Wenzels Absicht auf die ungeteilte Wiedererlangung jener Herzogtümer, nicht bloss auf den nördlich der Donau gelegenen Teil Oesterreichs, welcher von König Rudolf einst als Pfand für die Mitgift der böhmischen Königin eingesetzt war, zielte, geht aus der von Preger S. 50 mitgeteilten Urkunde deutlich hervor.
 Anderer Ansicht ist O. Lorenz, Über die Wahl des Königs Adolf von Nassau (Wiener Sitzungsberichte 55). 1867. S. 221 fg.

[2]) Vgl. W. Preger a. a. O.
 G. Droysen. Albrechts Bemühungen um die Nachfolge im Reiche. Leipzig 1862.
 L. Ennen, Die Wahl des Königs Adolf von Nassau. Köln 1866.
 O. Lorenz a. a. O., S. 195—212.
 L. Schmid, Die Wahl des Grafen Adolf von Nassau zum röm. König. 1870.
 Busson, Die Wahl Adolfs von Nassau (Wiener Sitzungsberichte 114, S. 9—85).
Letzterer weist nach, dass Wenzel die Wahl Albrechts verhindert hat. Nach ihm waren der Pfalzgraf Ludwig und Gerhard von Mainz für Albrecht, der Erzbischof von Köln für Adolf — über des Erzb. Boemund von Trier Parteinahme ist nichts bekannt —, so lag die Entscheidung bei Wenzel, der über die eigene, sächsische und brandenburgische Stimme verfügte.

beiden Könige verknüpft hatte, gelöst war, zögerte Wenzel nicht mehr, sich den Gegnern des deutschen Königs anzuschliessen und auf dessen Sturz hinzuarbeiten. Mit Albrecht von Oesterreich hatte schon im Jahre 1293 eine äusserliche Versöhnung stattgefunden, diese jedoch Wenzel nicht gehindert, 1295 eine aufrührerische Bewegung der österreichischen Landherren gegen ihren Herzog zu begünstigen. Die schnelle Unterdrückung des Aufstandes durch Albrecht hatte ihm aber auch gezeigt, wie aussichtslos seine Pläne einer Vergrösserung des böhmischen Reiches nach Süden seien, und liess ihn den Ratschlägen seines Kanzlers Peter von Aspelt Gehör schenken, im Bunde mit diesem energischen Habsburger der Festsetzung des nassauischen Hauses in Norden Böhmens entgegenzuwirken.

Peter von Aspelt,[1]) früher Leibarzt und Kaplan König Rudolfs, dessen Gunst er in hohem Masse genoss, wurde im Jahre 1296 nach dem Tode des böhmischen Kanzlers Johannes dessen Nachfolger als Kanzler und Propst von Wyssehrad. Da die antihabsburgische Politik des bisherigen Leiters der auswärtigen Angelegenheiten Böhmens, des Propstes Bernhard von Kamenz, völlig fehlgeschlagen war, so konnte es Peter, welcher für das Haus Habsburg persönliche Sympathien hegte und sich auch mancher Auszeichnungen von seiten Herzog Albrechts zu erfreuen hatte [2]), nicht schwer werden, seinen königlichen Herrn von der Nützlichkeit eines böhmisch-habsburgischen Bündnisses zu überzeugen. Sobald er daher die Leitung der böhmischen auswärtigen Politik übernommen hatte, vollzog sich eine An-

---

[1]) Vgl. Heidemann. Zur Gesch. und Politik Peters von Aspelt, in „Forschungen zur deutschen Geschichte" IX, 261 fg; und desselben Verfassers „Peter von Aspelt als Kirchenfürst und Staatsmann". Berlin 1875. Ferner Emler, Die Kanzlei der böhm. Könige Premysl Ottokars II und Wenzels II., S. 40 fg. in „Abhandlungen der königl. böhm. Ges. d. Wiss.", 6. Folge, 9. Bd., Histor. Klasse.

Emler widerlegt Heidemanns Ansicht, dass Peter 1289 als Protonotar in Wenzels Kanzlei getreten sei.

[2]) Er verlieh ihm eine einträgliche Pfarrstelle an der Stephanskirche zu Wien und befürwortete seine Erhebung zum Bischofe von Basel. Vgl. Heidemann, Peter v. Aspelt, S. 20 fg.

näherung zwischen Wenzel und Albrecht. Letzterer erschien mit glänzendem Gefolge [1]) bei der Krönung des Böhmenkönigs und seiner Gemahlin am Pfingstfest 1297 durch den Erzbischof von Mainz. Bei diesem Feste wurden von den anwesenden Kurfürsten [2]) die ersten Verabredungen in betreff der beabsichtigten Absetzung Adolfs und der Erhebung Albrechts getroffen. Eine zweite Besprechung fand am 17. August desselben Jahres zu Kaden statt, doch zu urkundlichen Abmachungen zwischen beiden kam es erst im Februar 1298 zu Wien. Die Verlobung von Wenzels gleichnamigem Sohne mit Elisabeth, der einzigen Tochter des Königs Andreas von Ungarn, gab die Veranlassung zu einer zahlreichen Fürstenversammlung am Wiener Hofe; die rauschenden Festlichkeiten sollten freilich nur dazu dienen, die hochverräterischen Umtriebe der Fürsten gegen den deutschen König möglichst zu verhüllen. Wenn auf den Zusammenkünften in Prag und Kaden König Wenzel sich noch vorsichtig zurückgehalten hatte, so zeigen die in Wien ausgestellten Urkunden deutlich die Beweggründe seiner Abwendung von Adolf und Hinneigung zu Albrecht [3]) In der ersten Urkunde vom 12. Februar verpflichtet sich Albrecht, gleich nach seiner Wahl zum römischen König dem Könige Wenzel und seinen Erben die Reichsländer Eger und Meissen (bezw. Pleissen) mit ihren Städten, Burgen, Festungen und Bewohnern, ferner die Burgen Floss und Parkstein und die Stadt Weiden in Bayern mit ihren Gebieten für 50 000 Mark

---

[1]) Das Chron. Sampetr. (ed. Stübel in „Gesch. quellen der Prov. Sachsen" I), p. 137 sagt, der Herzog sei mit 7000 Reitern nach Prag gekommen; auch Johann von Victring (Böhmer, Fontes rerum Germanicarum I), p. 396 erwähnt das glänzende Gefolge Albrechts, wodurch er das Fest verherrlicht habe.

[2]) Es waren vier Wahlstimmen vertreten: Böhmen, Mainz, Brandenburg und Sachsen; nicht fünf, wie Th. Lindner a. a. O. I, S. 113 angiebt.

[3]) Vgl. O. Lorenz, Deutsche Geschichte im 13. und 14. Jahrhundert II, S. 629.

Silber zu verpfänden und dem Könige zum friedlichen Besitze derselben zu verhelfen.[1]

---

[1] Bei Ludewig, Reliquiae manuscriptorum ... V, 442, wo diese Urkunde vollständig abgedruckt ist, steht in der eigentlichen Urkunde: Egrensem et Misnensem cum civitatibus castris .... nec non castra dicta Flozz et Parkstain ac oppidum Widenum .... titulo pignoris obligabimus; dann in der beigefügten Formel der nach Albrechts Wahl zum Könige auszustellenden Urkunde: Egrensem cum civitate et castro ibidem, ac Pliznensem cum civitatibus et castris Altenburgk, Kemnitz et Czwikaw, nec non castra dicta .... Infolgedessen nennt Lorenz, Gesch. II, S. 630 als Pfandobjekt neben Eger Meissen; Palacky, Geschichte von Böhmen II, 1, S. 378 das Pleissnerland; ebenso Lichnowsky, Gesch. des Hauses Habsburg II, Urkunden Albrechts, Nr. 86, Kopp, Gesch. der eidgenöss. Bünde III, 1, S. 247, A. Mücke, Albrecht I. von Habsburg, S. 72, Dudik, Mährens allgem. Geschichte VII, s. 212 und Th. Lindner a. a. O., S. 117; Böhmer, Reg., Reichssachen Nr. 223 ebenfalls das Pleissnerland, dagegen im Addit. II. (Reg. Herzog Albrechts, S. 495), wo dieselbe Urkunde angeführt wird, Meissen. Wegele, Friedrich der Freidige, S. 242, Anmerkung 1 sagt, es könne keinem Zweifel unterliegen, dass Plisnensem die richtige Lesart sei; er verweist auf die Urkunde Adolfs vom 11. Mai 1292 (Ludewig, Rel. V, 135; Erben-Emler, Regesta Bohemiae et Moraviae II, nr. 1574), durch welche dieser ebenfalls das Pleissnerland und Eger an Wenzel verpfändet, aber für nur 10000 Mark. Aus der kolossalen Differenz der Pfandsummen geht doch unzweifelhaft hervor, dass es sich in beiden Fällen nicht um dieselben Gebiete handeln kann; die zwei Burgen Floss und Parkstein und das Städtchen Weiden können die Erhöhung der Pfandsumme von 10000 Mark auf 50000 Mark nicht entfernt erklären. Nun ernennt Albrecht gleich nach seiner Thronbesteigung den Böhmenkönig zum Reichsstatthalter in Meissen, dem Osterlande und dem Pleissnerlande, woraus also hervorgeht, dass eine Verpfändung auch nur eines Teiles dieser Gebiete nicht gleich stattgefunden hat, da sonst, wie schon Wegele bemerkt, die Übertragung der Reichsstatthalterschaft unnötig gewesen wäre. Die Verpfändung Meissens an Wenzel hat aber später wirklich stattgefunden, was, abgesehen von den Angaben der Chronisten, auch daraus folgt, dass jener das Land an Brandenburg weiterverpfändete. Die Pfandsumme für Meissen wird von den Chronisten auf 40000 Mark angegeben. Rechnet man dazu für Eger und Pleissen 10000 Mark, also dieselbe Summe, für welche König Adolf diese Gebiete verpfändet hatte, so ergiebt sich die in der Urkunde vom 12. Februar genannte Summe von 50000 Mark für alle drei Länder. Die Burgen Floss, Parkstein und die Stadt Weiden können

In einer zweiten Urkunde verspricht Albrecht, den König Wenzel und seine Nachfolger von jeder Dienstpflicht gegen das Reich, die sie als Inhaber deutscher Reichslehen oder aus irgend welchem andern Grunde zu leisten haben, für immer zu befreien, insbesondere von der Verpflichtung, Heeresfolge zu leisten und Reichs- und Hoftage zu besuchen; endlich alle Schenkungen, Freiheiten und Gnaden früherer Kaiser und Könige zu bestätigen[1]). Mit Recht bemerkt Lorenz[2]), dass durch diese Urkunde die „völlige Ausscheidung Böhmens aus dem Reichsverbande, soweit derselbe Pflichten und nicht bloss Rechte auferlegte", zugestanden wurde. Doch steht der Inhalt dieses Dokuments so wenig im Einklang mit dem späteren Verhalten Albrechts gegen Böhmen, dass der leise Zweifel Kopps[3]) an der Echtheit desselben wohl berechtigt erscheint. Kopp stützt seinen Zweifel allerdings nicht auf den Inhalt der Urkunde, sondern auf die Datierung derselben. Sie hat nämlich das Datum II idus Marcii, also des 14. März, an welchem Tage sich Albrecht nicht mehr in Wien befand. Nach Böhmers[4]) Ansicht läge ein Versehen des Schreibers vor und müsste II idus Februarii stehen, wodurch sie dasselbe Datum — 12. Februar — erhalten würde, wie die vorhergehende[5]). Diese Konjektur hat gewiss grosse Wahrscheinlichkeit für sich, aber in Anbetracht

---

für eine Erhöhung kaum in Betracht kommen. Höchst wahrscheinlich versprach also Albrecht am 12. Februar, dem Könige Wenzel Eger, Meissen und Pleissen mit den Reichsstädten Altenburg, Chemnitz und Zwickau; ferner Floss, Parkstein und Weiden für 50000 Mark zu verpfänden.

Auch Lunig, Cod. Germ. dipl. I, 975 hat die Lesart Misnensem; die späteren Herausgeber der fraglichen Urkunde (Jirecek, Cod. jur. Bohem. I, 254 und Emler, nr. 1783) haben in Plisnensem geändert, obgleich sie auf Ludewig zurückgehen.

[1]) Emler, nr. 1785; Jirecek a. a. O. I, 256.
[2]) Gesch. II, S. 630.
[3]) a. a. O. III, 1, S. 248, Anmerkung 5.
[4]) Reg., Reichssachen Nr. 224.
[5]) Emler behält den 14. März bei, ebenso Jirecek.

der völligen Unvereinbarkeit dessen, was Albrecht hier zugesteht, und dessen, was er einige Jahre später von Wenzel fordert, möchte die Vermutung, dass wir es hier mit einer Fälschung zu thun haben, doch nicht ganz von der Hand zu weisen sein[1]).

König Wenzel giebt dann am 21. Februar von Brünn aus dem Erzbischof von Mainz Vollmacht, in seinem Namen den Herzog Albrecht zum römischen König, künftigen Kaiser zu erwählen[2]).

Auch Hilfstruppen hat er dem Herzog für den bevorstehenden Kampf mit König Adolf gestellt; die Zahl derselben scheint aber doch nur gering gewesen zu sein. Die steierische Reimchronik[3]) giebt 200 Reiter an, die übrigen Quellen beschränken sich darauf, unter den Truppen Albrechts auch der Böhmen zu erwähnen[4]). Ein böhmischer Ritter soll sich in der Schlacht bei Göllheim besonders ausgezeichnet haben[5]).

---

[1]) O. Harnack, das Kurfürstencollegium bis zur Mitte des 14. Jahrh. S. 75, Anmerkung 2 erklärt das Datum dieser Urkunde so, „dass die Ausfertigung der schon festgestellten Urkunde sich bis zum 14. März verzögerte, man aber dennoch die Angabe des Ortes, an welchem die Vereinbarung getroffen war, in die Ausfertigung aufnahm". Die Echtheit glaubt er, auch wenn das Datum falsch sei, nicht anzweifeln zu sollen, bezweifelt aber, dass Albrecht die hier gegebenen Versprechungen in vollem Umfange erfüllt habe. Ich kann dem gegenüber nur darauf hinweisen, dass bei der Empfindlichkeit Wenzels nicht anzunehmen ist, er werde, wenn von Albrecht getäuscht, sich diesem ferner freundlich erwiesen haben. Sein Verhalten auf dem Nürnberger Hoftage spricht aber für ein durchaus freundschaftliches Verhältnis der beiden Fürsten nach Albrechts Thronbesteigung.

[2]) Würdtwein, Diplom. Maguntin. I, 82.

[3]) Pez, Scriptores rerum Austriacarum veteres ac genuini III, Kap. 666. (Eine neue Ausgabe dieser Reimchronik erscheint als „Ottokars Oesterreich. Reimchronik" in M. G. SS. Deutsche Chroniken Bd. 5, ed. v. Seemüller).

[4]) Ellenhardi Chronicon: M. G. SS. XVII, 135; Annales Wormatienses ap. Böhmer, Fontes II, 218; Continuatio Vindobonensis: M. G. SS. IX, 720: Cum adjutorio cunctorum principum ... suprascriptorum (darunter auch Wenzel) vallatus ingenti exercitu perrexit ad Rhenum. Continuatio Ratisbonensis: M. G. SS. XVII, 418.

[5]) Die Pehemische Cronika LXIII (Fontes rer. Bohem. III, p. 293): Der Kunig achte des rathes (seiner böhm. Getreuen) nicht und

Bei der Absetzung Adolfs zu Mainz am 23. Juni wird Wenzel durch den Erzbischof von Mainz vertreten [1]), ebenso bei der zweiten, rechtmässigen Wahl Albrechts am 27. Juli zu Frankfurt, wo ausser ihm sämtliche Kurfürsten persönlich anwesend waren. Er spricht seine ausdrückliche Billigung dieser Königswahl aus in einem Schreiben aus Nürnberg vom 19. November, an den Papst gerichtet, worin er, —was die übrigen Kurfürsten schon gleich nach vollzogener Wahl gethan haben—, diesen bittet, Albrecht huldvoll zu empfangen und ihn zu gelegener Zeit zum Empfang der Kaiserkrone zu berufen [2]).

Inzwischen hatte König Albrecht nicht versäumt, seinen dem Böhmenkönig gegenüber eingegangenen Verpflichtungen nachzukommen. Er ernannte ihn gleich nach seiner Erhebung, wahrscheinlich noch vor der Krönung, welche am 24. August zu Aachen durch den Erzbischof von Köln vollzogen wurde, zum Reichshauptmann und Verweser [3]) in Meissen, dem Osterlande und dem Pleissnerlande [4]). Er giebt ihm unbeschränkte Vollmacht, diese Länder nach eigenem Ermessen zu regieren: concedentes tibi auctoritatem plenariam et liberam disponendi, statuendi, judicandi, praecipiendi . . . ., kurz, alle Rechte wie im eigenen Lande auszuüben. Jedenfalls hatte Albrecht da-

---

sante dem Albrecht volk und golt, also das er mit der Pehem hulffe der römischen Kunig Adolff umbslug. Wie redlichen in demselben streyte Smil Ogierz gethan hatte, dovon sagen noch heutestages die Swoben.

[1]) Böhmer, Reg., Reichssachen Nr. 236.

[2]) Urkunde bei Kurz, Oesterreich unter Ottokar und Albrecht I, Bd. II, 236—238; M. G. LL. II, 467; Emler, nr. 1822.
In der offiziellen Anzeige der Königswahl an das deutsche Volk, welche die Kurfürsten am 28. Juli von Frankfurt aus ergehen lassen, wird auch Wenzel unter den Wählern genannt, was nur deshalb geschehen konnte, weil er, wie erwähnt, am 21. Februar dem Erzbischof von Mainz seine Stimme übertragen hatte.

[3]) imperii capitaneum et vicarium; andere übersetzen „Reichsstatthalter" oder „Reichsvikar".

[4]) Emler, nr. 1815; Palacky, Ueber Formelbücher (Abhandlungen der böhm. Ges. d. Wiss. 5. Folge, 2. Bd.), S. 320. In betreff der Zeit vgl. Böhmer, Reg. Albrechts, Nr. 4.

mals schon die Absicht, seinem Versprechen vom 12. Februar nachzukommen und wenigstens einen Teil dieser Gebiete auch an Wenzel zu verpfänden. Nur die Verpfändung bot letzterem, worauf es ihm doch ankam, Aussicht auf dauernden Besitz, denn die Reichshauptmannschaft konnte ihm jederzeit wieder entzogen werden, die Einlösung aber war für den deutschen König bei den vielen kostspieligen Kriegen, die er zu führen hatte, fast eine Unmöglichkeit, wenn die Pfandsumme 50000 Mark betrug. Auch wäre die Übertragung der blossen Verwaltung der genannten Länder an den Böhmenkönig kaum als eine demselben erwiesene Gunst zu betrachten, wenn er nicht hoffen durfte, sie dauernd seiner Herrschaft einzuverleiben. Denn da die tapfern Söhne des Landgrafen Albrecht von Thüringen, Friedrich und Diezmann, Ansprüche auf dieselben machten und nicht geneigt waren, sich der ihnen ungünstigen Entscheidung des Königs Albrecht zu fügen, war an eine friedliche Regierung daselbst nicht zu denken.[1]) Zwar huldigte die Stadt Chemnitz dem König Wenzel schon am 30. August[2]) und wenige Tage später auch die Edlen des Landes Meissen[3]) aber nur in seiner Eigenschaft als Reichshauptmann.[4])

Wäre die Verpfändung Meissens nicht durch die Weiterverpfändung an Brandenburg bewiesen,[5]) so könnte man in

---

[1]) Vgl. Wegele, Friedrich d. Freidige, S. 243 fg.
[2]) Emler, nr. 1816.
[3]) Wilke, Ticemannus, Cod. diplom. p. 135, Urkunde vom 6. Sept. 1298.
[4]) In der Urkunde vom 30. Aug. heisst es: Viso et audito mandato ser. d. nostri Alberti, regis Rom. . . . . . tamquam fideles regis et imperii supradicti ejus mandatis humiliter obedire volentes dictum regem Bohemorum in capitaneum et vicarium generalem terrarum ipsarum (Misnensis et Orientalis ac Plisnensis) recipimus . . . . . quamdiu predictus d. noster, rex Rom., commissionem hujusmodi ab ipso rege Boemorum . . . . non duxerit revocandum; und in der vom 6. Sept: Quod cum nobiles domini terre Misnensis nomine ipsius imperii nobis adheserint nobisque fideles esse promisserint . . . . .
[5]) Vgl. Urkunde vom 8. Aug. 1305 bei Emler, nr. 2051, betreffend die Wiedereinlösung Meissens zum Zweck der Rückgabe an Albrecht.

der That annehmen, dass das Abkommen vom 12. Februar nicht zur Ausführung gekommen, zur Entschädigung dafür aber dem König Wenzel die Reichshauptmannschaft in einem bei weitem grösseren Gebiete übertragen sei, als früher beabsichtigt gewesen. Die Verpfändung fand dann wohl statt, als König Albrecht für seine Kriege gegen Hennegau und die rheinischen Kurfürsten umfassende Rüstungen zu machen hatte.

Übrigens ist Wenzel niemals in den Besitz des Osterlandes gekommen, vielmehr hat sich Diezmann in Leipzig dauernd zu behaupten vermocht [1]).

Auf dem Hoftage zu Nürnberg am 16. November 1298 erschien auch Wenzel und versah bei dem Festmahle sein Erzamt als Schenk des Reiches, die böhmische Königskrone auf dem Haupte. Nachträglich fürchtete aber der vorsichtige und eitle König, hierdurch seiner Würde etwas vergeben zu haben, besorgte auch, aus dieser Handlung möchte für die Zukunft eine Verpflichtung der böhmischen Könige, gekrönt das Schenkenamt zu verrichten, gefolgert werden; deshalb liess er sich am 17. November von Albrecht eine Urkunde ausstellen, in welcher derselbe erklärte, dass die böhmischen Könige an den Hoftagen der römischen Könige oder Kaiser die königliche Krone zu tragen berechtigt seien, aber dann nicht die Verpflichtung hätten, das Mundschenkenamt zu versehen; Wenzel habe am vorhergehenden Tage ihm diesen Dienst freiwillig aus persönlicher Liebe geleistet.[2]) In einer weiteren Urkunde vom 22. November bestätigte Albrecht den Verkauf der Stadt und Burg Pirna von seiten des Hochstifts Meissen an König Wenzel und erklärte dieses Gebiet als einen integrierenden Bestandteil

---

[1]) Vgl. Wegele a. a. O., S. 243.
[2]) Emler, nr. 1821.

In dieser Erklärung könnte man einen Beweis dafür finden, dass Albrecht den König Wenzel wirklich von Pflichten gegen das Reich befreit hat. In der Urkunde König Rudolfs vom 4. März 1289 zu Eger (Emler, nr. 1469) heisst es: quod rex supradictus (Wenizlaus) jus ac officium pincernatus pariter et ejus heredes in Romano obtineant imperio. Das Recht des Schenkenamtes behält Wenzel, die Pflicht, dasselbe auszuüben, wird ihm jetzt erlassen.

des Königreichs Böhmen.¹) Von Nürnberg aus erliess endlich Wenzel in des Königs Interesse das schon erwähnte Schreiben an den Papst.

Aus alledem geht hervor, dass das Verhältnis Albrechts zu dem Böhmenkönige im Anfange seiner Regierung ein vortreffliches war,²) letzterer also, der nur seines Vorteils wegen Albrechts Erhebung begünstigt hatte, offenbar von demselben völlige Befriedigung seiner Ansprüche erreicht hatte oder doch in nicht ferner Zeit zu erreichen hoffen durfte. Sie schieden in bestem Einvernehmen von einander ³), und Wenzel nahm ihren beiderseitigen Neffen Johannes, den Sohn Herzog Rudolfs und der böhmischen Prinzessin Agnes, mit nach Prag, um ihn an seinem Hofe erziehen zu lassen.⁴)

---

¹) Emler, nr. 1823; Gersdorf, Cod. dipl. Saxoniae regiae I, 256, nr. 328.
²) Die steirische Reimchronik (Pez III, Kap. 687 u. 689) weiss zwar von ernstlichen Misshelligkeiten zwischen beiden Königen zu berichten; Wenzel habe sich zu Nürnberg geweigert, das Mundschenkenamt zu versehen, habe sich durch Krankheit entschuldigen lassen und sei erst auf wiederholten ausdrücklichen Befehl Albrechts erschienen. Ferner habe dieser auf seine Bitte, ihm Meissen zu verleihen, ihn auf einen später zu haltenden Fürstenrat verwiesen. Doch sind das jedenfalls Phantasiegebilde des Reimchronisten, alle Umstände sprechen dagegen. Wenn Wenzel nur widerwillig sein Reichsamt versah, warum dann ad majorem gloriam regis Romanorum mit der Königskrone geschmückt? Hierdurch wollte er doch wohl das gute Einvernehmen, welches zwischen ihnen herrschte, aller Welt vor Augen führen.
³) Nur ein Umstand spricht dafür, dass nicht alle Differenzen zwischen Albrecht und Wenzel beigelegt waren, nämlich das Fehlen des letzteren als Zeuge in der von jenem am 22. November ausgestellten Urkunde über die mit Einwilligung der Kurfürsten erfolgte Verleihung der Herzogtümer Oesterreich und Steiermark und der Herrschaften Krain, Mark und Portenau an seine Söhne. Alle andern Kurfürsten und sonstigen auf dem Hoftage anwesenden hervorragenden Personen bezeugen die Belehnung (vgl. Böhmer, Reg. Albrechts, Nr. 81). Wenzel konnte sich also auch jetzt noch nicht zum ausdrücklichen Verzicht auf die einst von seinem Vater besessenen Gebiete entschliessen.
⁴) Auch diese Thatsache lässt auf ein gutes Einvernehmen schliessen, denn sobald später der Bruch erfolgte, wurde Johannes zurückberufen.

Übrigens hatte auf Wenzels Veranlassung in Nürnberg die Ergänzung des Schiedsgerichts stattgefunden, welches einst von König

Auch in den nächsten Jahren blieb dies freundschaftliche Verhältnis ungetrübt bestehen. König Albrecht gab dem Böhmenkönig verschiedene Beweise seiner fortdauernden Gunst. Abgesehen von der Verpfändung Meissens, die in diese Zeit fällt,[1]) bestätigte er am 29. Juni 1300 die Wiedereinlösung der Stadt Sadau und der Burg Birkenstein in Meissen, welche einst König Ottokar von seinem Reiche veräussert hatte.[2]) Ausserdem willfahrte er Wenzels Wünschen in Bezug auf Polen. Hier war im Jahre 1296 der König Przemysl ermordet worden, und der Prätendent Wladislaw Lokietek vermochte nicht, sich allgemeine Anerkennung zu verschaffen. Um den inneren Kriegen ein Ende zu machen, boten die polnischen Grossen die erledigte Krone dem König Wenzel zugleich mit der Hand der einzigen Tochter Przemysls an. Er ergriff eifrig diese günstige Gelegenheit, seine Herrschaft, auf deren Vergrösserung er unablässig bedacht war, über weite Gebiete auszudehnen. König Albrecht hatte merkwürdigerweise nichts gegen eine solche Machtvergrösserung Böhmens. Am 29. Juni 1300 gab er seine Zustimmung, dass Wenzel und seine Erben alles, was er von dem Lande des Herzogs Ladislaus von Grosspolen erobern könne, als Reichslehen besitzen sollten.[3]) Unwillkürlich drängt sich die Frage auf: Was bewog Albrecht, dem, wie sich aus seinem späteren Verhalten ergiebt, eine

---

Rudolf über die des Johannes Vater zu leistende Entschädigung, die nun auf den Sohn überging, eingesetzt war. Vgl. Lichnowsky II, p. CCXCIV und CCXCV.

[1]) In einer Urkunde vom 14. Aug. 1299 nennt sich Wenzel noch sacri Romani imperii per terras Misnensem, Orientalem et Plisnensem vicarius generalis (Gersdorf, Cod. dipl. Saxon. I, 260, nr. 831), aber in Urkunden vom 19. April 1300 (Gersdorf, nr 334 u. 335) führt er nur den Titel „rex Boemiae, dux Cracoviae et Sandomeriae marchioque Moraviae. Die Verpfändung wird also zwischen dem 14. Aug. 1299 und dem 19. April 1300 stattgefunden haben.

Eger muss Wenzel noch seit der Verpfändung durch König Adolf behalten haben, wie aus der Urkunde vom 18. Aug. 1305 (Emler, nr 2053) hervorgeht.

[2]) Böhmer, Reg. Albrechts, Nr. 295; Emler, nr 1860.
[3]) Emler, nr. 1861; Jirecek I, 263.

übermässige Ausdehnung der böhmischen Herrschaft durchaus zuwider war, zu diesem bereitwilligen Eingehen auf Wenzels Wünsche? Schon damals war sich der König gewiss darüber klar, dass ein Krieg mit den rheinischen Kurfürsten in nicht zu ferner Zeit unvermeidlich war; sollte es ihm da nicht vorteilhaft erschienen sein, jenen anderweitig zu beschäftigen? Wenn auch die polnischen Prätendenten der böhmischen Macht auf die Dauer keinen Widerstand zu leisten vermochten, so war doch anzunehmen, dass sie Wenzel nicht sobald zum friedlichen Besitze des Landes würden gelangen lassen. Freilich hat dieser in kurzer Zeit sich die polnischen Gebiete unterworfen und liess sich in Gnesen krönen; Wladislaw Lokietek musste als Flüchtling das Land verlassen.

Zwei Königskronen vereinte nun Wenzel auf seinem Haupte; an der Erwerbung einer dritten, wenn auch nicht für sich, so doch für seinen einzigen Sohn, sollte die habsburgisch-böhmische Freundschaft scheitern.

Am 14. Januar 1301 starb König Andreas von Ungarn, der letzte vom Mannesstamme der Arpaden[1]). Er hatte den Thron nicht unbestritten innegehabt. Prinz Karl Robert von Neapel, ein Enkel Marias, der Schwester des im Jahre 1290 ermordeten Königs Ladislaus IV. von Ungarn, war, weil vom Papste begünstigt, ihm kein ungefährlicher Gegner gewesen. Jetzt gingen auch einige der früheren Anhänger des Andreas zu demselben über[2]), aber der grössere Teil, darunter die meisten ungarischen Bischöfe, verweigerten ihm gerade seines päpstlichen Beschützers wegen die Anerkennung. Sie hätten ja damit zugegeben, dass der Anspruch des Papstes, über die ungarische Krone verfügen zu können, berechtigt sei. Diese nationale Partei also sah sich nun nach einem andern Oberhaupte um. Nach der Continuatio tertia Hermanni Altahensis[3]) hätten sie die Krone zuerst den Herzögen Otto und Stephan von

---

[1]) Siehe die Stammtafel der letzten Arpaden bei A. Huber, Geschichte Oesterreichs II, S. 77.

[2]) Vgl. Huber a. a. O., S. 78.

[3]) M. G. SS. XXIV, 57.

Bayern, durch ihre Mutter Enkel Belas IV., angeboten[1]), nach deren Ablehnung dem Sohne des Königs von Böhmen. Von der Wahl des jüngeren Wenzel berichten ebenfalls die Chronica Aulae regiae[2]), die Continuatio Vindobonensis[3]), die Continuatio Zwetlensis tertia[4]); nur die Reimchronik[5]) und die ungarische Chronik[6]) wissen von einem ersten Antrag der Ungarn an den älteren Wenzel zu melden; dieser habe für seine Person abgelehnt[7]), aber seinen Sohn vorgeschlagen. Man sollte meinen,

---

[1]) Das ist doch sehr unwahrscheinlich. Herzog Otto greift später unter viel ungünstigeren Umständen nach der ungarischen Krone, was sollte ihn jetzt zur Ablehnung bewogen haben? Wäre, wie Th. Lindner a. a. O., S. 79|80 meint, gar schon im J. 1290 dem Herzog Otto von König Rudolf u. seinem Sohne Albrecht Aussicht auf Ungarn gemacht als Entgelt für die Verzichtleistung auf das Kurrecht zu Gunsten Böhmens, so würde die jetzige Ablehnung noch weniger verständlich sein Trotzdem nimmt auch Lindner, S. 155 eine solche an.

[2]) Cap. 68, p. 165 (Chron. Aulae regiae ed. J. Loserth im 8. Bd. der Fontes rer. Austriac. Wien 1875).

[3]) M. G. SS. IX, 721.

[4]) M. G. SS. IX, 659: Wenzeslaus rex Bohemie ex communi consilio quorundam comitum terre electus, patre ejus rege videlicet Bohemie primitus renitente. Auf diese Quelle verweist Huber a. a. O., S. 78, Anmerkung 3 zur Unterstützung der Ansicht, dass Wenzel der Vater zum König gewünscht sei; doch kann mit dem ersten Wenzeslaus rex Bohemie nur der jüngere Wenzel gemeint sein.

[5]) Pez III, Kap. 723.

[6]) Chronica Hungarorum ap. Schwandtner, scriptores rer. Hungaricarum I, 155, cap. 84.

[7]) Er soll sogar auf die Gebrechlichkeit seines Alters hingewiesen haben (vgl. Krones, „Der Thronkampf der Premysliden und Anjous" in der „Zeitschrift für die österreichischen Gymnasien" 1863, Bd. 14, S. 648), er, ein kaum dreissigjähriger Mann! Wie stimmen damit die Worte, welche die Reimchronik, Kap. 723, dem Könige bei dieser Gelegenheit in den Mund legt:

> Ich engert nicht gutes mer
> Meinem sun noch meinem leib,
> Nu han ich ein weib
> Jung und in der gestalt
> Sohul wir payde werden alt,
> Des ich wol empfind,
> So mug wir wol chind
> Gewinnen genueg.

der Verfasser der Chronica Aulae regiae, dessen Kloster in so nahen Beziehungen zum Königshause stand, hätte hierüber genau unterrichtet sein müssen. Sollte bei dieser Wahl nicht, abgesehen von der Verwandtschaft Wenzels mit den Arpaden [1]), auch der Umstand in Betracht gezogen sein, dass der jüngere Wenzel der Verlobte der Prinzessin Elisabeth, der einzigen Tochter des letzten Königs Andreas, war? Es ist freilich in keiner der gleichzeitigen Quellen von dieser Prinzessin die Rede, und deshalb von allen neueren Darstellern dieser Ereignisse betont worden, dass niemand an das Erbrecht derselben gedacht habe [2]), doch widerspricht dem die Thatsache der Wahl Wenzels. Es konnte doch für die „nationale" Partei in Ungarn nichts Verlockendes haben, von dem Böhmenkönige beherrscht zu werden, und wenn gerade sie sich dazu entschloss, so musste sie gewichtigere Gründe haben als die entfernte Verwandtschaft Wenzels mit ihrem angestammten Königshause [3]). Als zukünftiger Gemahl der zur Nachfolge nächstberechtigten Prinzessin ist seine Wahl eher erklärlich [4]). Der zwölfjährige Wenzel zog gleich mit den Gesandten, unter denen sich auch der Erzbischof von Colocza befand, nach Ungarn, wurde in Stuhlweissenburg von dem genannten Geistlichen als Ladislaus V. gekrönt und residierte dann in Ofen.

Wenn nun auch die Herrschaft von Polen, Böhmen und

---

[1]) Siehe die Stammtafel bei Huber, S. 77.

[2]) Vgl. Lichnowsky 2, S. 236; Kopp III, 2, S. 336; Huber, S. 77. Die Reimchronik, Kap. 723, berichtet sehr ausführlich über die Verhandlungen des Königs Wenzel mit den Ungarn, die Mittel, welche derselbe angewandt habe, sie seinem Sohne geneigt zu machen.

[3]) Wenzel II. ist der Enkel Annas, der Tochter Belas IV. († 1270).

[4]) Eine Analogie hierzu bildet die Erwerbung der polnischen Krone durch Wenzel II. Auch er muss sich zu einer Heirat mit der Tochter des letzten Polenkönigs verstehen, um der „Besitzergreifung ein gewisses Recht aufzudrücken" (Dudik VII, 250). Die Völker bewahrten doch ihren angestammten Herrscherhäusern eine gewisse Anhänglichkeit auch nach dem Erlöschen des Mannsstammes; in noch höherem Masse, als in Polen und Ungarn, werden wir das in Böhmen selbst später finden. Eine völlig neue Dynastie vermag sich nicht zu behaupten.

Ungarn noch nicht in einer Hand vereinigt war, so musste das doch in absehbarer Zeit eintreten, vorausgesetzt, dass der jüngere Wenzel sich im Besitze Ungarns zu behaupten vermochte. ¡Der Bildung eines solchen Premyslidenreiches konnte König Albrecht schon in Rücksicht auf die habsburgische Hausmacht, welche Gefahr lief, erdrückt zu werden, nicht ruhig zusehen. Doch musste er vorläufig den Dingen ihren Lauf lassen, der bevorstehende Krieg mit den rheinischen Kurfürsten nahm seine Sorge in Anspruch; nach zwei Seiten hin Front zu machen, reichte seine Macht nicht aus. Äusserlich trat deshalb in den nächsten Jahren keine Veränderung in den Beziehungen Albrechts zu Böhmen ein, denn dass Wenzel mit den rheinischen Kurfürsten im Einverständnis gewesen sei, wie die Reimchronik[1]) berichtet, ist nicht nachzuweisen. Das Chronicon Colmariense[2]) nennt im Gegenteil unter den Hilfstruppen Albrechts auch Böhmen. Am wahrscheinlichsten ist, dass Wenzel sich während dieses Krieges völlig passiv verhalten hat, was man ihm kaum zum Vorwurf machen kann. Verpflichtet war er, wenn die oben erwähnte Urkunde vom 14. März 1298 echt ist, zur Heeresfolge jedenfalls nicht, und es gehörte kein grosser Scharfblick dazu, einzusehen, dass, wenn Albrecht die rheinischen Kurfürsten gedemütigt hätte, bald auch die Reihe an ihn kommen würde. Als jener dann siegreich aus dem Kurfürstenkriege hervorgegangen war, nach vielen, für ihn nicht gerade ehrenvollen, Verhandlungen die Anerkennung des Papstes Bonifaz VIII als römischer König erlangt[3]) und von demselben die Aufforderung

---

[1]) Pez, III, Kap. 710 u. 711. Auch bei Burkardus et Dytherus (Böhmer, Fontes II, 477) findet sich die Notiz: regem Bohemie Wentslaum aggressus, qui aliquantulum supradictis principibus favebat.

[2]) M. G. SS. XVII, 269 u. Böhmer, Fontes II, 91.

[3]) Am 30· April 1303 erkannte Bonifaz den König Albrecht an (Böhmer, Reg. d. Päpste, Nr. 303) und richtete am selben Tage an den König von Böhmen und die anderen Reichsfürsten die Aufforderung, demselben Gehorsam zu leisten (Palacky; Italien. Reise, Nr. 415; Emler, nr. 1969).

erhalten hatte[1]), seinem Schützling Karl Robert gegen Wenzel beizustehen, glaubte er die Zeit gekommen, mit seinem eroberungssüchtigen Schwager abzurechnen.[2])

Inzwischen hatte der Papst, durch Wladislaw Lokietek bewogen, dem Böhmenkönige auch Polen abgesprochen,[3]) ein willkommener Vorwand für Albrecht, seine früheren Zugeständnisse in betreff dieses Landes wieder zurückzunehmen.

Gegen Ende des Jahres 1303[4]) stellte nun König Albrecht von Wien aus seine Forderungen an Wenzel: Er solle ihm Eger und Meissen zurückgeben, auf Ungarn, Krakau und Polen verzichten; ausserdem ihm die Silberbergwerke von Kuttenberg auf 6 Jahre überlassen oder eine Abfindungssumme von 80 000 Mark zahlen, welche dem Reiche als Zehnt rechtlich zukomme.[5])

---

[1]) Die Entscheidung des Papstes zu Gunsten Karl Roberts erfolgte am 31. Mai 1303, die Aufforderung an Albrecht, demselben gegen Wenzel beizustehen, am 11. Juni. Siehe Emler, nr. 1964 u. 1969.

[2]) Nach einer Urkunde vom 1. April 1302 (Böhmer, Reg. Albrechts, Nr. 381) scheint er schon vor Beendigung des Kurfürstenkrieges einen Zug gegen Böhmen beabsichtigt zu haben. Hieraus könnte vielleicht auf eine Verbindung Wenzels mit den rheinischen Kurfürsten geschlossen werden. Was hätte dann aber Albrecht bewogen, davon abzustehen? Jedenfalls die Erkenntnis, dass jener mit dem Kurfürstenkriege nichts zu thun habe, zu der Abrechnung wegen Ungarns aber die Zeit noch nicht geeignet sei.

[3]) Emler, nr. 1924, Urkunde vom 10. Juni 1302.

[4]) Über die Zeit siehe Dudik VII, 281 und 282.

[5]) Chron. Aulae regiae, cap. 71, p. 174: Mittit Albertus .... Wenceslao secundo ... nuntios satis solempnes, quatenus sibi Kuthnam cum argenti fodinis sex annis concedat vel octoginta millia marcarum in redemptionem ejusdem persolvat tam pro annis praeteritis quam futuris, quas dicebat ad se pro parte decimarum jure imperii pertinere. Petiit insuper idem Albertus rex Alamanniae, sibi resignari terras has: Egram, Mysnam, Ungariam, Cracoviam ac Poloniae regnum.

Ähnlich Pulkawa ap. Dobner, Monumenta historica Bohemiae III, 259.

Nach der Reimchronik, Kap. 734, verlangt Albrecht von Wenzel, er solle auf Ungarn verzichten, dem Herzog Lokietek von Polen die beiden ihm abgenommenen Erblande Sandomir und Krakau zurückgeben, ebenso Troppau seinem (Wenzels) Bruder, dem Herzog Nikolaus.

„Und was er mer zu fordern het, Das lie er in auch wissen hie."

Kopp [1]) lässt Albrecht von Wien aus an Wenzel nur die Forderung stellen, sich wegen Ungarns der Entscheidung des Papstes zu fügen und „auch in andern Dingen dem Reichsoberhaupte gerecht zu werden". Später habe er sich erboten, Meissen wiedereinzulösen; endlich, nachdem er mehrere Monate vergeblich auf des Böhmenkönigs Nachgiebigkeit gewartet, über ihn durch Rechtsspruch die Reichsacht aussprechen und dadurch mit dem Verluste seiner Lehen in Eger, in den polnischen Landen und im eigenen Erbreiche bedrohen lassen. Alle diese Forderungen könnten nicht zu gleicher Zeit gestellt sein. Ich sehe keinen Grund für ein so allmähliches Vorgehen Albrechts gegen Wenzel. Es lag doch gewiss nicht in seiner Absicht, nur der Vollstrecker des päpstlichen Willens zu sein, sondern die Sorge um die Zukunft seiner Hausmacht und des deutschen Königtums bewog ihn in erster Linie zu seinem schroffen Auftreten gegen seinen Schwager. Dass er damit zugleich die Sache des Papsttums verfocht und also dessen Autorität auf seiner Seite hatte, war für ihn ein günstiger Umstand, geeignet, seiner Handlungsweise wenigstens den Schein der Berechtigung zu geben. Sein Ziel war, Wenzels übermässig angewachsene Macht auf Böhmen und Mähren zu reduzieren, wie König Rudolf es dreissig Jahre früher mit Ottokars Herrschaft gemacht hatte. Dass er sogar an die völlige Entthronung der Premysliden gedacht habe, wie der Fürstenfelder Mönch berichtet [2]) und auch von Neueren für wahrscheinlich gehalten wird [3]), ist nicht glaublich. Das seit Jahrhunderten über Böhmen herrschende Regentenhaus zu depossedieren, dazu hätte eine andere Macht gehört, als Albrecht zu Gebote stand. Darüber machte er sich gewiss keine Illusionen.

Doch prüfen wir die Berechtigung seiner Forderungen. Die Zurückgabe Egers und Meissens gegen Auszahlung der Pfandsumme war kein unberechtigtes Verlangen, denn verpfän-

---

[1]) III, 2, S. 340 fg.
[2]) Böhmer, Fontes I, 26.
[3]) Vgl. Krones, Thronkampf. . . (Zeitschr. für d. österr. Gymnasien 1865, Bd. 16) S. 241.

dete Gebiete konnten jederzeit wiedereingelöst werden. Es fragt sich nur, ob Albrecht wirklich die Pfandsumme — 40000 Mark — zur Auszahlung an Wenzel bereit hatte, wie die Continuatio Zwetlensis tertia [1]) berichtet. Ich möchte das wegen der noch zu erwähnenden Geldforderung bezweifeln. Auch ist kaum anzunehmen, dass Wenzel sich in dem Falle geweigert haben würde, des Königs Wunsche zu willfahren. Die Verzichtleistung auf Ungarn von seiten des jüngeren Wenzel lag sowohl in Albrechts wie in des Papstes Interesse; als Vollstrecker des päpstlichen Urteils konnte, im Interesse seiner Hausmacht musste er sie fordern. Freilich war, selbst nach päpstlicher Doktrin [2]), die ungarische Krone auch in weiblicher Linie erblich und konnte nicht durch Wahl übertragen werden, demnach Prinzessin Elisabeth die nächstberechtigte Erbin, — was freilich der Papst nicht anerkannte —, und ihr zukünftiger Gemahl Wenzel rechtmässiger König. Doch war hierzu immerhin die Einwilligung Albrechts, als des Oberlehnsherrn des Böhmenkönigs, notwendig, daher hatte er auch das Recht, sie zu verweigern.

Die dritte Forderung, Herausgabe Polens und Krakaus, hatte, da die polnischen Eroberungen von Albrecht selbst am 29. Juni 1301 dem König Wenzel als Reichslehen verliehen waren, auch nicht einmal einen Schein von Berechtigung für sich. Die Nichtanerkennung des letzteren als Polenkönigs von seiten des Papstes konnte für den deutschen König nicht massgebend sein, wenn er sich nicht als willenloses Werkzeug dieses herrschsüchtigen Priesters hinstellen wollte.

Die letzte Forderung endlich, Ueberlassung der Kuttenberger Silberbergwerke auf sechs Jahre oder Zahlung von 80000 Mark, zeigte zur Genüge, worauf Albrecht ausging: Schwächung und Demütigung Böhmens in jeder Beziehung.

---

[1]) M. G. SS. IX, 661: nunc ipsam (terram Misnensem) . . . regi Romanorum pecuniam debitam exhibenti reddere nolebat.

[2]) Vgl. die Bulle ‚Spectator‘ omnium' vom 31. Mai 1303: quod sicut scripti canonis series aperit, regnum ipsum Ungariae successionis jure provenit, electionis arbitrio non defertur.

Wohl nahmen die Kaiser seit dem 11. Jahrhundert das Recht, edle Metalle zu graben, ausschliesslich iu Anspruch, und Friedrich II sagt in einer Urkunde vom 27. Juni 1214 ausdrücklich: Certum est et indubitatum, quod, quidquid metalli in visceribus terre per totum imperium Romanum reperitur, de antiquissimo jure imperii fisco nostro attinet et camere imqeriali, nisi forte nos ex habundanti gratia nostra alicui fidelium nostrorum inde aliquid conferre velimus.[1]) Kopp[2]) hält Albrechts Forderung deshalb für berechtigt, „denn Bergwerke gehören überall dem Reiche, und ihre Nutzung hängt von dem Oberhaupte ab;" er verweist auch auf die Antwort, welche Wenzel nach der Chronica Aulae regiae[3]) gegeben haben soll: Quo jure imperii decimas extorquet, qui non fasces imperii plene habet? Diese Worte sind doch nur als rhetorische Phrase, nicht als wirkliche Antwort Wenzels aufzufassen, können deshalb nichts beweisen. Jedenfalls hatte noch kein Kaiser vor Albrecht dieses Recht des Reiches auch auf Böhmen angewendet.[4]) Wie ist dieses Verhalten des Königs gegenüber Böhmen in Einklang zu bringen mit den Zugeständnissen, welche er vor seiner Wahl seinem Schwager gemacht hatte? Damals versprach er, dessen Land von fast jeder Verpflichtung gegen das Reich zu befreien, und jetzt stellt er höhere Anforderungen, als irgend einer seiner Vorgänger! Wenn Albrecht sich wirklich zu dieser Forderung berechtigt hielt, wie kommt es, dass er beim Friedensschlusse mit Wenzel III, der sich doch nachgiebig zeigte, ausdrücklich für immer auf dieses Regal verzichtet?[5]) Er hätte gewiss nicht ohne Grund eine solche Einnahmequelle fahren lassen, zumal die Silberausbeute in Kutten-

---

[1]) Huillard-Bréholles, Historia diplomatica Friderici secundi II, 2, p. 808.
[2]) III, 2, S. 346, Anmerkung 2.
[3]) cap. 71, p. 174.
[4]) Vgl. Palacky, Gesch. II, 1, S. 390, Anmerkung. Dudik VII, 283·
[5]) Vgl. Urkunde vom 18. Aug. 1305 (Emler, nr. 2053): Sed ipse Wencealaus ... heredes ac successores sui ... praedicta regna ... cum ... utilitatibus intra et supra terram .... debent obtinere in perpetuum et ea libere et pacifice possidere.

berg damals eine ungeheuere war, und niemand den Wert des Geldes besser zu schätzen wusste als Albrecht. Er war jedenfalls selbst von der Unrechtmässigkeit dieses Anspruchs überzeugt; wenn er ihn dennoch erhob, so beweist das eben seine Absicht, einen Bruch mit Wenzel unter allen Umständen herbeizuführen.[1]) Dieser sollte, wie es scheint, das Lösegeld für Meissen selbst bezahlen, gewiss ein sonderbares Verlangen.

Es ist auffallend, dass Albrecht solche ungeheueren Forderungen stellte, ohne zum sofortigen Losschlagen gerüstet zu sein. Sollte er wirklich die Bedeutung seines Schwagers so sehr unterschätzt haben, dass er glauben konnte, dieser werde sich gutwillig fügen? Gewiss war Wenzel keine hervorragende Persönlichkeit, besonders mangelte es ihm an persönlichem Mut[2]), doch ist ihm eine gewisse Thatkraft nicht abzusprechen nebst grosser Klugheit in der Wahl seiner Ratgeber. War auch sein eigener schwacher Körper den Strapazen eines Feldzuges nicht gewachsen, so konnte es dem reichen und mächtigen Böhmenkönige doch niemals an kriegserfahrenen Führern fehlen. Im vorliegenden Falle wendete er sich an die Markgrafen von Brandenburg, deren Beistand er sich durch Verpfändung Meissens für 50000 Mark erwarb. Dieselbe hat stattgefunden als ein Zerwürfnis mit dem deutschen Könige schon in sicherer Aussicht stand, jedenfalls nach dem 10. Mai 1303 — an diesem Tage bestätigt nämlich Wenzels Hauptmann in Meissen, Burggraf Burkard von Magdeburg, im Namen seines Herrn ein Kaufgeschäft des Klosters zum heil. Kreuz bei Meissen[3]) —, aber, wenn man dem Berichte der Continuatio Zwetlensis tertia Glauben schenken will, vor dem vollständigen Bruche mit Albrecht. Die genannte Chronik sagt[4]): Marchiones quoque Hermannum de Brandenburg consanguineum suum, qui gener regis Romanorum erat, et Heinricum (muss heissen Ottonem), qui

---

[1]) Lichnowsky II, S. 238 erwähnt einen Schiedsspruch der Reichsfürsten wegen der Silbergruben.

[2]) Vgl. Palacky, Gesch. II, 1, S. 396.

[3]) Urkunde bei Wegele, S. 437.

[4]) M. G. SS. IX, 661.

cognominabatur eum telo, auxiliarios sibi jam antea habuit
astrictos, quod eis terram Misnensem in 50 marcarum milibus
obligasset, quam a rege Romanorum pro 40 milibus marcarum
prius sibi obligatam acceperat [1]). Wenzel wird also, als sein
Verhältnis zu Albrecht sich immer ungünstiger gestaltete, etwa
im Spätsommer 1303, sich durch Verpfändung Meissens die
Hilfe der Brandenburger gesichert haben.

In dieselbe Zeit sollte nach der bisherigen allgemeinen
Annahme der Bundesvertrag zwischen Wenzel und dem Könige
Philipp von Frankreich fallen; man wollte daraus schliessen,
dass jener zuerst dem deutschen Könige gegenüber eine feind-
liche Haltung angenommen habe. Nun hat aber Huber [2]) nach-
gewiesen, dass dieser Vertrag erst im Jahre 1304 abgeschlossen
sein kann, als der Krieg schon unvermeidlich geworden war [3]).

---

[1]) Damit lässt sich die noch zu erwähnende Nachricht der Reimchronik (Pez III, Kap. 738) schwer vereinigen, dass Albrecht später den
Markgrafen Hermann durch eine geringfügige Geldanweisung auf Lübeck
für sich zu gewinnen gesucht habe. Da aber diese Verleihung wirklich
stattgefunden hat (vgl. Böhmer, Reg. Albr., Nr. 481), so muss die
Weiterverpfändung Meissens dem Könige bis Ende 1303 unbekannt
gewesen sein.

[2]) Huber, Die Zeit des Bundesvertrags K. Wenzels II. von Böhmen
mit dem Könige Philipp IV. von Frankreich (in „Mitteilungen des Instituts für österreich. Geschichtsforschung", 6. Bd. 1885. S. 398—400).

[3]) Diesen Vertrag hatte Böhmer, Reg., Reichssachen Nr. 257
zwischen den 26. Aug. und 11. Oktober 1303 gesetzt; ihm folgt Kopp
III, 2, 340; Dudik VII, 273 lässt die Unterhandlungen gar schon nach
dem 10. Juni 1302 beginnen und den Vertrag um die Mitte des Jahres
1303 abschliessen. In dasselbe Jahr legen ihn Wegele, S. 262, Mücke,
S. 128, Heidemann, S. 85. Huber folgert aus den Worten des Vertrages,
dass die beiden Könige sich ab imminentibus utrilibet nostrum ab eo
periculis schützen wollen, dass Wenzel erst dann mit Philipp Unterhandlungen angeknüpft habe, als Albrecht feindlich gegen ihn aufge-
treten sei. Da nun erst am 30. April die Aussöhnung zwischen Albrecht
und Bonifaz stattgefunden habe, wodurch des ersteren Freundschaft mit
Philipp sich habe lockern müssen, am 11. Juni Bonifaz um Beistand
für Karl Robert gebeten habe, so würde Albrecht seine Forderungen
an Wenzel, wodurch für diesen ein Bündnis mit Frankreich wünschens-
wert geworden, erst nach dieser Zeit gestellt haben. Nun sei, wie aus

Gewiss ist anzunehmen, dass der böhmische Kanzler Peter, in dessen Händen ja die Leitung der auswärtigen Politik lag, seinem Herrn zu diesem Bündnis geraten und die Unterhandlungen geführt habe;[1]) wie man diesem Staatsmanne daraus einen Vorwurf machen, ja, sogar in Rücksicht auf seine früheren Beziehungen zum habsburgischen Hause ihn der Charakterlosigkeit beschuldigen kann,[2]) ist mir unerfindlich. Als sich die Beziehungen Albrechts zu Wenzel immer unfreundlicher gestalteten, Peter nicht mehr imstande war, das Äusserste abzuwenden, er also durch die Verhältnisse gezwungen wurde, sich für den einen oder andern zu entscheiden, was ist da natürlicher, als dass er dem Böhmenkönige treu blieb, dessen leitender Minister er schon seit 7 Jahren war! Wohl war er während dieser Zeit auch in Albrechts Interesse oft thätig gewesen,[3]) das eigentliche Feld seiner Wirksamkeit aber war doch Böhmen. Wollte er sich nicht gänzlich vom politischen Schauplatze zu-

---

Urkunden hervorgehe, am 10. Juli und 24. August 1303 noch gutes Einvernehmen zwischen Philipp und Albrecht gewesen, also könne, da nach dem Bundesvertrag die Söldner in der Zeit von Abschluss des Vertrages bis zum 25. Juli geworben sein sollten, nur der 25. Juli 1304 gemeint sein. Der Vertrag sei also wohl erst 1304 geschlossen, gegen Albrecht und ev. Benedikt XI gerichtet. Letzterer habe zu den ungarischen Angelegenheiten dieselbe Stellung eingenommen, wie sein Vorgänger, und erst Anfang April 1304 Verhandlungen mit Philipp angeknüpft. Kurz vorher sei also wohl der Bundesvertrag abgeschlossen. Entscheidend ist, wie mir scheint, der Umstand, dass im Juli und August 1303 zwischen Albrecht und Philipp noch ein freundliches Verhältnis bestand; denn möglich wäre es immerhin, dass Wenzel, der das ihm drohende Ungewitter schon länger heranziehen sah, sich frühzeitig nach Hilfe umgesehen hätte. Auch konnten Albrechts Verhandlungen mit dem päpstlichen Stuhle kein Geheimnis bleiben, und Philipp war sich gewiss über die Folgen eines Bündnisses zwischen seinem Todfeinde und dem deutschen Könige vollkommen klar. Es würde deshalb durchaus nicht auffallend sein, wenn er schon vor Abschluss desselben Wenzel von Böhmen die Hand gereicht hätte.
 [1]) Reimchronik, Kap. 724.
 [2]) Mücke, S. 128.
 [3]) Besonders in den Jahren 1300 u. 1301; vgl. Heidemann, Peter v. Aspelt, S. 29 fg.

rückziehen und sich nur den Aufgaben seines Baseler Bistums widmen, so gebot ihm Ehre und Pflicht, bei Wenzel auszuharren. Zu tadeln ist an seiner Handlungsweise nur das eine, dass er von vornherein nicht offen zeigte, für wen er sich entschieden hatte. „Er glaubte", wie Heidemann sagt,[1]) „eine Rolle spielen zu können, welche ihm gestattete, der Freund Wenzels II zu sein und der Freund Albrechts zu scheinen."

Der auf Peters Veranlassung durch Vermittelung des Grafen von Pfirt,[2]) eines Lehnsmannes des Baseler Bistums, mit Philipp von Frankreich abgeschlossene Vertrag bestimmte folgendes: Wenzel verbündet sich mit Philipp gegen jedermann und besonders gegen Albrecht, qui pro rege Romanorum se gerit, zur gemeinsamen Abwehr aller ihnen von demselben drohenden Gefahren. Jeder der beiden Verbündeten soll ihn sofort offen als Feind behandeln und mit aller Macht bekämpfen, keiner ohne Einwilligung des andern den Kampf einstellen dürfen. Ferner soll jeder zu seiner eigenen Macht bis zum 25. Juli[3]) (1304) noch für 100 000 Mark Silber deutsche Söldner werben. Sollte auch der Papst, sei es mit König Philipp, sei es mit Wenzel von Böhmen oder dessen Sohne, dem Könige von Ungarn, nicht Freundschaft halten wollen,[4]) so verpflichten sich die Könige zu gegenseitigem Beistande mit aller ihrer Macht auch gegen ihn.[5])

Uebrigens sind die Bestimmungen dieses Vertrages niemals zur Ausführung gekommen.

Wenzel hatte natürlich Albrechts Forderungen abgelehnt. Nach der Chronica Aulae regiae[6]) hätte er auf die Forderung der 80 000 Mark die zum Teil schon angeführte Antwort gegeben: Quo jure imperii decimas extorquet, qui non fasces

---

[1]) Heidemann, Peter v. Aspelt, S. 82.
[2]) Kopp III, 2, S. 341.
[3]) infra hinc et festum beati Jacobi apostoli.
[4]) Auch diese Stelle scheint durchaus gegen 1303 (Bonifaz VIII!) und für Benedikt XI zu sprechen.
[5]) Palacky, Formelbücher I, 322; Emler, nr. 1968.
[6]) Cap. 71, p. 174.

imperii plene habet? Decimas sibi dare rex Bohemiae non debet, jure autem regio illam exigi aut dari decimam ratio nulla suadet; und auf das Verlangen der Abtretung der erwähnten Länder: Cum quasdam praedictarum terrarum dotis nomine, quasdam legitimae successionis jure, quasdam vocationis titulo possideamus, ipsas resignare faciliter non valemus. So schroff wird er nun wohl nicht geantwortet haben; dem widerspricht der Umstand, dass er sich grosse Mühe gegeben hat, die Differenzen in Güte beizulegen. Durch eine Bemerkung wie: Quo jure imperii decimas extorquet, qui non fasces imperii plene habet? hätte er aber von vornherein jede Verhandlung illusorisch gemacht. Auch entspricht die Antwort, welche er auf den zweiten Teil der Forderungen gegeben haben soll, nicht den thatsächlichen Verhältnissen, denn gerade das Land, an welchem Albrecht nächst Ungarn am meisten gelegen war, Meissen, besass er weder dotis nomine, noch successionis jure, noch vocationis titulo. Jedenfalls steht fest, dass Bischof Heinrich von Konstanz, der des deutschen Königs Forderungen nach Brünn, wo sich Wenzel im Herbst 1303 befand, überbracht hatte, mit abschläglicher Antwort zurückgeschickt wurde. Doch hielt Wenzel einen gütlichen Ausgleich noch für möglich. Er glaubte in Peter von Aspelt, welcher schon einmal die beiden feindlichen Schwäger versöhnt und sich um beide verdient gemacht hatte, den geeigneten Vermittler zu besitzen. Dieser ging nach Wien und wird gewiss, schon im eigenen Interesse, nichts unversucht gelassen haben, ein völliges Zerwürfnis zwischen seinen bisherigen Gönnern zu verhüten. Doch waren auch seine Bemühungen ohne Erfolg; nach der Reimchronik[1]) soll ihm ein sehr ungnädiger Empfang von seiten des Königs zuteil geworden sein. Dieser war entschlossen, keine seiner Forderungen aufzugeben; Wenzel da-

---

[1]) Kap. 736: Durch des hoves-recht
  Emphieng in kunig Albrecht,
  Wie er im ser erpolgen was.
Über diese Verhandlungen ist die Reimchronik unsere einzige Quelle; sie ist offenbar gut unterrichtet.

gegen scheint sich zu einigen Zugeständnissen bereit erklärt zu haben,[1]) doch genügten dieselben Albrecht nicht. Sein Rat beschloss, wenn jener nicht auf alle Bedingungen eingehen wolle.

Daz er dann dhain frid het
Von dem Kunig Albrecht
Nach des reiches recht,
Und daz er furbas
Nicht wann veintschaft und has
Von dem reich gewartten solt.

Trotzdem gab Wenzel die Hoffnung eines friedlichen Ausgleichs nicht auf und bewog seinen Vetter, den Markgrafen Hermann von Brandenburg, noch einmal einen Vermittlungsversuch zu machen. Da Markgraf Hermann der Schwiegersohn des deutschen Königs war, so mochte Wenzel sich von dessen Bemühungen Erfolg versprechen. Im Dezember 1303 begab sich derselbe von Brünn aus nach Gratz, wo Albrecht gerade Turniere abhielt. Er hatte sich eines freundlicheren Empfanges zu erfreuen als der Baseler Bischof, aber Erfolg hatte auch seine Mission nicht. Vielmehr versuchte Albrecht ihn sich zu verbinden, indem er ihm jährliche 300 Mark Silber auf Lübeck, dessen Rektor der Markgraf seit 1301 war,[2]) anwies.[3]) Doch dem Brandenburger winkten auf Böhmens Seite grössere Vorteile; diese geringfügige Geldsumme konnte ihm kein Ersatz für die Markgrafschaft Meissen sein. Auch mochte ihn das rücksichtslose Auftreten des Königs den Reichsfürsten gegenüber für die eigene Selbständigkeit besorgt machen. Schon waren vier Kurfürsten gedemütigt, jetzt sollte der fünfte und mäch-

---

[1]) Reimchronik Kap. 737. Die Bischöfe Peter und Heinrich überbringen Wenzels Antwort an Albrecht,
An seinem rat er da sassz,
Er tracht und massz,
Ob in sein genuegt
Und ob dem reiche fuegt
Dy ewenung und die suen,
Dy der von Pehem wolt tun.
[2]) Böhmer, Reg. Albrechts, Nr. 363.
[3]) Siehe oben, S. 26, Anmerkung 1.

tigste von allen, derselbe, dem Albrecht hauptsächlich seine Erhebung verdankte, aller Erwerbungen, die er mit und ohne Zustimmung des Königs gemacht hatte, beraubt werden; gelang das, so lag das bis dahin so selbständige Reichsfürstentum zu den Füssen des Reichsoberhauptes. Durfte der Markgraf dazu behülflich sein? Solche Erwägungen mögen ihn geleitet haben, als er Albrechts Hand zurückwies und nach Böhmen eilte.

So musste denn das Schwert entscheiden, und Albrecht berief seinen Neffen Johannes aus Prag zu sich [1]).

Wäre er nun im stande gewesen, sogleich nach dem Scheitern der Unterhandlungen mit einem Heere in Böhmen einzudringen, ohne seinem Gegner Zeit zu umfassenden Rüstungen zu lassen, so hätte er ihn vielleicht ohne viel Blutvergiessen zur Unterwerfung genötigt; aber er war selbst gar nicht vorbereitet. Daher ist sein schroffes Auftreten völlig unverständlich. Wohl hatte er einen nicht zu unterschätzenden Bundesgenossen am Papste; er mag auch gehofft haben, der persönlich furchtsame und fromme Böhmenkönig werde es nicht zum offenen Widerstande gegen König und Papst kommen lassen; doch sollte er sich in demselben gründlich irren. Ein so gehorsamer Sohn der Kirche Wenzel auch in kirchlichen Dingen war, in der Politik räumte er derselben keinen Einfluss auf sich ein, das hatten schon seine Unterhandlungen mit Bonifazius über Ungarn gezeigt. Dem Papste war daher nichts weiter übrig geblieben, als in diesem Lande selbst gegen den jungen Wenzel zu intriguieren und durch Besetzung der erledigten Bischofstühle mit

---

[1]) Reimchronik 738; Matthias Nuewenburgensis ap. Böhmer, Fontes IV, 173. Diesem Prinzen soll Albrecht nach der Cont. Zwetlensis tertia (M. G. SS. IX, 661) Meissen bestimmt haben. Es heisst an der betr. Stelle: Quam (scil. terram Misnensem) tamen ipse rex duci Johanni, filio sororis regis Bohemiae ex fratre suo Rudolfo, conferre voluerat. Wegele, S. 268 bezweifelt, dass der König eine solche Absicht gehabt habe; er macht darauf aufmerksam, dass jener schon im Mai 1306 die durch den Tod des Markgrafen Friedrich Tuto erledigten Lehen der Abteien Fulda und Hersfeld an seiner Söhne Rudolf, Friedrich und Leopold übertragen liess, wodurch er den Übergang Meissens an seine eigenen Söhne habe vorbereiten wollen. Vgl. Wegele, S. 268, Anmerkung 2 u. S. 269, Anmerkung 1.

Gegnern der böhmischen Partei derselben den Boden zu untergraben. Auf diese Weise war es ihm allerdings gelungen, die Lage des jungen Premysliden in hohem Grade zu gefährden. Dies mochte Albrecht nicht unbekannt sein und ihn veranlassen, den Dingen vorläufig ihren Lauf zu lassen. Nichtsdestoweniger war sein langes Zögern ein grosser Fehler. Ein schnelles Vorgehen hätte zumal den Ungarnkönig, welcher dann von Böhmen abgeschnitten und von Karl Robert bedrängt worden wäre, in die übelste Lage gebracht, und dies konnte leicht für Wenzel II. ein Grund werden, sich allen Forderungen zu fügen.

Beide Gegner sahen sich nun nach Hilfe für den bevorstehenden Krieg um. Albrecht gelang es, sich den Beistand des Erzbischofs Konrad von Salzburg zu sichern; dagegen versagte ihm sein Schwager, der Herzog Heinrich von Kärnten, derselbe, welcher ihm im Kampfe gegen König Adolf so vortreffliche Dienste geleistet hatte, die verlangte Unterstützung. Er soll, wie die Reimchronik [1]) berichtet, sich bei einem zwischen den Schwaben und Kärntnern an Albrechts Hofe veranstalteten Turniere in seinen Rittern beleidigt gefühlt haben

Dann begab sich der König nach dem westlichen Deutschland, um in Schwaben und dem Elsass Truppen zu sammeln. Auf dem Wege dahin wurde während seines Aufenthaltes in Passau am 8. März 1304 das zwischen den Herzögen Rudolf und Friedrich von Oesterreich einerseits und den Herzögen Otto und Stephan von Bayern andererseits am 17. Februar 1302 au zwölf Jahre abgeschlossene Bündnis erneuert, diesmal mit der näheren Bestimmung, dass es namentlich gegen Wenzel von Böhmen gerichtet sei [2]). Inzwischen hatte auch dieser einen Aufruf in seinen Ländern erlassen und angeordnet, dass die Truppen sich am 24. April in Prag versammeln sollten. Ausserdem hatten ihm die Markgrafen von Brandenburg, der Herzog von Sachsen und Graf Ruprecht von Nassau ihre Hilfe zuge-

---
[1]) Kap. 738.
[2]) bi namen wider den Chünich Wenzezla von Beheim (Auszug der Urkunde bei Kurz I, 272, 1. Anmerkung).

sagt[1]). Auch an seinen Sohn, den König von Ungarn, sandte er die Aufforderung zu rüsten, um gemeinschaftlich mit ihm gegen Oesterreich operieren zu können. Doch hatte sich die Lage dieses jungen Fürsten schon so sehr verschlimmert, dass er sich in seiner eigenen Hauptstadt Ofen nicht mehr sicher fühlte, daher genötigt war, statt Hilfe zu leisten, solche vielmehr von seinem Vater zu erbitten.

Der Anhang Karl Roberts hatte sich nach Bekanntwerden des päpstlichen Urteils bedeutend vergrössert; dazu kam, dass der junge Wenzel (Ladislaus), noch unfähig, selbständig zu regieren, sich willenlos in den Händen einiger Magnaten befand, die in seinem Namen, nur ihren eigenen Vorteil im Auge, willkürlich herrschten. Von Karl Robert bedrängt, von vielen Anhängern verlassen, musste er für sein Leben fürchten, wenn ihm der Vater keine Hilfe brachte. Dieser beschloss daher, das gegen König Albrecht gesammelte Heer zunächst zur Rettung seines Sohnes und, wenn möglich, zur Behauptung Ungarns zu verwenden. Im Juni[2]) 1304 zog er mit einem bedeutenden Heere über Brünn, bis wohin ihn sein Kanzler Peter von Aspelt begleitete[3]), nach Ungarn, nachdem er dem Markgrafen Hermann von Brandenburg die Verwaltung Böhmens für die Zeit seiner Abwesenheit übertragen hatte. Er zerstörte das abtrünnige Gran und drang bis Ofen vor. Hier muss er die Ueberzeugung gewonnen haben, dass der Thron seines Sohnes nicht zu halten sei, zumal der eben ausbrechende Krieg mit Oesterreich seine eilige Rückkehr notwendig machte. Er

---

[1]) Eberhardi archidiac. Ratispon. annal. (M. G. SS. XVII), p. 600: Rex Bohemie de terris Alamannie Polonie Saxonie Michsnie et Brandenburg multa militia juvabatur. Nach der Reimchronik 789 erhielt er Hilfe aus Brandenburg, Sachsen, Polen und Schlesien; Kap. 743 nennt sie Ruprecht von Nassau.

[2]) So berichtet die Chron. Aulae regiae, p. 168. Dudik VII, 294, Anmerkung 3 lässt Wenzel schon Ende März sich nach Brünn begeben; doch ist seine Anwesenheit daselbst urkundlich bezeugt nur vom 21. bis 24. Mai. Siehe Emler, nr. 2004, 2005 u. 2006.

[3]) Peters Anwesenheit in Brünn ersieht man aus Urkunden vom 21. und 23. Mai (Emler, nr. 2004 u. 2005).

erhielt nämlich die Nachricht, dass König Albrecht über ihn die Reichsacht ausgesprochen habe und dessen Sohn, der Herzog Rudolf von Oesterreich, schon Einfälle in die Oesterreich benachbarten Gebiete von Böhmen und Mähren mache [1]). Schleunigst brach er deshalb mit seinem Sohne wieder auf und nahm zum Zeichen, dass er die Ansprüche seines Hauses auf Ungarn nicht aufgegeben habe, sondern sich für die Zukunft vorbehalte, dieselben wieder geltend zu machen, die ungarischen Kroninsignien, nämlich Schwert, Mantel und Krone des heiligen Königs Stephan [2]), mit sich nach Prag, wo er im August angekommen sein soll [3]). Hierdurch entfremdete er sich die Ungarn vollständig, denn diese betrachteten es als einen der ganzen Nation zugefügten Schimpf, dass die Reichskleinodien ausser Landes gebracht waren. Ein grosser Teil der nationalen Partei fiel jetzt ebenfalls Karl Robert zu. Am 24. August schloss derselbe zu Pressburg ein Schutz- und Trutzbündnis mit Rudolf von Oesterreich, das von mehreren ungarischen Magnaten bestätigt wurde [4]). Auch sandte König Albrecht an die Bischöfe und Edeln Ungarns die Mahnung, ihren König Karl Robert zu unterstützen und zur Vereinigung mit Rudolf von Oesterreich zu bewegen [5]).

Durch den Zug Wenzels nach Ungarn hatte der deutsche König Zeit gewonnen, seine Rüstungen, die bei dem Aufbruche des Böhmenkönigs noch sehr im Rückstande waren, zu vollenden. Damals befand er sich noch im westlichen Deutschland und liess unter seinen Augen eine That geschehen, die von den

---

[1]) Cont. Zwetl. tertia, p. 660: Rex Romanorum Albertus, missis duci Austrie, Rudolfo, filio suo, nuntiis, precepit ut pacis diffidationem ac contradictionem regi Bohemie demandaret. Die Verhängung der Reichsacht über Wenzel geht aus der Friedensurkunde vom 18. August 1305 (M. G. LL. II, 486; Emler, nr. 2053) hervor.

[2]) Diese nennt die Cont. Zwetl. tertia, p. 660; die Continuatio Weichardi de Polhaim (M. G. SS. IX, 817) führt als Kroninsignien Krone, Mantel, Diadem und Scepter an.

[3]) Chron. Aulae regiae, cap. 68, p. 168.

[4]) Kurz I, S. 272 u. II, S. 243.

[5]) Palacky, Formelbücher, S. 325.

verderblichsten Folgen für sein Haus werden sollte. Peter von Aspelt hatte nämlich in Brünn seinen König verlassen, um sich in sein Bistum Basel zu begeben, wurde aber unterwegs von den Grafen Wilhelm von Montfort und Rudolf von Werdenberg-Sargans überfallen, beraubt und gefangen genommen. Er musste sich durch die hohe Summe von 8000 Mark seine Freiheit erkaufen.[1]) Die Reimchronik berichtet, Peter habe Briefe an

---

[1]) Vgl. Heidemann, Peter v. Aspelt, S. 37 fg. u. Forschungen IX, S. 298 fg.

Doch hat seine Gefangenschaft nicht so lange gedauert, wie Heidemann annimmt, denn schon im September 1304 ist seine Anwesenheit in Prag nachweisbar (Urkunde vom 22. Sept. 1304 bei Emler, nr. 2013). Aus diesem Umstande schliesst Dudik VII, S. 298, dass Peter auch auf dem Zuge nach Ungarn in der Umgebung seines königlichen Herrn geblieben sei, erst nach dem 22. Sept. sich zu König Philipp habe begeben wollen und seinen Feinden in die Hände gefallen sei. Jetzt habe er die „Resultate der Unterredung vom 15. August (zwischen Wenzel und seinen Bundesgenossen aus Polen, Meissen und Brandenburg) und somit den fertigen Kriegsplan an König Philipp überbringen und mit ihm dessen Auftreten wider K. Albrecht besprechen und festsetzen können" (S. 301). Welchen Nutzen hätte das jetzt für Böhmen noch haben können? Wenn Peter sich erst nach dem 22. Sept. auf die Reise nach Frankreich machte, als die feindlichen Heere schon von zwei Seiten in das Land eingedrungen waren — am 8. Sept. ist Albrecht bei Linz, am 29. Sept. Vereinigung der Heere bei Budweis —, um Philipp an die versprochene Hilfe zu mahnen, so konnte das nur im Interesse des nächstjährigen Feldzuges geschehen, denn für das Jahr 1304 war es zu spät. Dann aber könnte die Reise erst in die Wintermonate 1304/5 fallen, als sich das Schicksal des ersten Kriegsjahres entschieden hatte. Auch ist nicht anzunehmen, dass der böhmische Kanzler gerade während der Anwesenheit der feindlichen Heere das Land verlassen haben würde. Ich sehe keinen Grund, weshalb die Reise nicht zwischen dem 23. Mai und 22. September stattgefunden haben sollte. Für eine spätere Zeit spricht nur der Umstand, dass Peter unter Wenzel II keine Urkunde mehr unterzeichnet hat. Über die Urkunde vom 24. Mai 1305 (Emler, nr. 2032) vgl. Dudik VII, S. 320, Anmerkung 2. Übrigens ist die Ansicht Dudiks (S. 321), dass am Sterbebette Wenzels II Peter Angeli als Reichskanzler gestanden habe, entschieden nicht richtig. Letzterer unterzeichnet in der ersten Zeit der Regierung Wenzels III noch als Protonotar (Vgl. Emler, nr. 2019, 2058, 2059, 2065 u. a.), erst im Mai 1306 als Kanzler (Emler, nr. 2090), nicht schon von Dezember 1305 ab, wie Heidemann, Peter v. Aspelt, S. 40 angibt.

den König von Frankreich überbringen wollen, diese seien seinen Feinden in die Hände gefallen und Albrecht überbracht worden.[1]) Dass Peters Reise einen politischen Zweck gehabt habe, ist wohl anzunehmen; sie wäre sonst völlig unverständlich. In dem Augenblicke, wo der König mit einem Heere ausser Landes zog und die Verwaltung des eigenen Reiches einem fremden Fürsten überlassen musste, war doch die Anwesenheit des Kanzlers dringend notwendig. Wenn er es trotzdem verliess, so musste er hierfür zwingende Gründe haben, und da liegt die Vermutung nahe, dass er sich habe über Basel nach Frankreich begeben wollen, um den französischen König an seine Bundespflicht zu mahnen. Der Umstand, dass Albrecht gar keinen Versuch machte, den Bischof zu befreien, ist, wie aus den Worten des Matthias von Neuenburg hervorgeht, schon den Zeitgenossen aufgefallen. Ob dies nun seinen Grund darin hatte, dass jener ihm als böhmischem Kanzler zürnte, oder ob wirklich kompromittierende Papiere bei ihm gefunden wurden, lässt sich nicht entscheiden. Wie dem nun auch sei, die Unterhandlungen mit Frankreich sind durch diesen Unfall Peters zum Stillstand gekommen, König Philipp hat sich um den Verlauf der böhmischen Angelegenheiten nicht weiter gekümmert, aber jener hat den ihm von Anhängern Albrechts zugefügten Schimpf als Erzbischof von Mainz dem habsburgischen Hause reichlich vergolten.[2])

---

[1]) Kap. 750. Von andern Quellen wird nur die Thatsache der Gefangennehmung erwähnt. Die Annales Colmarienses majores (M. G. SS. XVII, 230) bringen nur die kurze Notiz: Dominum venerabilem Petrum, episcopum Basiliensem, cepit comes Montisfortis, causam rationabilem non habens; und Matthias von Neuenburg (Böhmer, Fontes IV, 176) sagt: Episcopus quoque in Swevia per comitem Montisfortis, captus, non per regem eciam sed per pecuniam liberatur.

[2]) An den beiden Übelthätern suchte sich Peter, da er von König Albrecht keine Genugthuung erwarten konnte, mit Hilfe des Papstes zu rächen. Durch eine Bulle vom 25. Dec. 1306 beauftragte Clemens V den Erzbischof von Köln und die Äbte von Fulda u. St. Maria ad Martyres, Trierer Diöcese, gegen die Grafen Rudolf von Werdenberg-Sargans und Wilhelm von Montfort die Exkommunikation zu verkünden und ihnen als Bedingungen der Lossprechung vollständige Schadloshaltung des

König Albrecht hatte ein ziemlich bedeutendes Hilfsheer gesammelt. Ausser vielen Städten, Bischöfen und Grafen hatte ihm auch Graf Eberhard von Würtemberg, der mächtigste Dynast Schwabens, Beistand versprochen. Bis dahin hatte derselbe, trotzdem sich seine Interessen mit denen des Hauses Habsburg sehr oft in Schwaben kreuzten, immer in gutem Einvernehmen mit dem Könige gestanden.[1]) Er hatte ihm in dem Kampfe gegen König Adolf und im Kurfürstenkriege Hilfe geleistet, sich dafür aber auch tüchtig entschädigen lassen. Durch Ankäufe hatte er sein Gebiet immermehr vergrössert und musste deshalb notwendig einmal mit Albrecht in Kollision geraten. Bis jetzt war es beiden jedoch gelungen, ernstere Reibungen zu vermeiden. Am 25. Juli versprach der König dem Grafen für ihm geleistete und noch zu leistende Dienste 2000 Mark Silber, bis zu deren Bezahlung die Burg Spitzenberg, die Stadt Kuchen und die Vogtei des Klosters Lorch als Pfand gesetzt wurden.[2]) Unter den noch zu leistenden Diensten war natürlich der Beistand des Grafen im Kriege gegen Böhmen gemeint.

Ausser dem Grafen Eberhard versammelten sich um Albrecht bei Regensburg, wo derselbe ein Lager aufgeschlagen hatte, der Erzbischof von Salzburg, die Bischöfe von Freisingen, Regensburg, Passau, Augsburg, Speier und Würzburg, der Pfalzgraf Rudolf, der Herzog Otto von Nieder-Bayern, die Grafen von Hirschberg, Ötting, Haigerloch, Hohenlohe u. a[3]). Das Heer zog dann auf dem rechten Ufer der Donau bis Linz, ging hier am

---

Erzbischofs und persönliche Verantwortung an der Kurie zu stellen (Würdtwein, Dipl. Mog. II, 5 und „Mitteilungen aus dem vatikanischen Archiv, herausgegeben von der Wiener Akademie." I, Nr. 696). Doch hat Peter damals seine 8000 Mark nicht wiedererhalten; vgl. Heidemann in Forschungen IX, S. 301.

[1]) Vgl. Chr. Fr. v. Stälin, Wirtemberg. Geschichte III, S. 90 fg. und Paul Friedrich Stälin, Geschichte Württembergs I, 2, S. 467 fg.

[2]) Böhmer, Reg. Albrechts, Nr. 488.

[3]) Eberhardi archidiaconi Ratispon. annales (M. G. SS. XVII) p. 600. Die Ann. Osterhov. (M. G. SS. XVII), p. 552 nennen auch Kärntner unter den Truppen Albrechts, doch ist das jedenfalls ein Irrtum.

8. September auf das linke Ufer über und drang über Freistadt gegen Budweis vor. Während des Durchzuges durch Bayern hatte das Land durch Raub und Brand viel zu leiden,[1]) ein Grund für Herzog Ottos späteren Abfall vom Könige. Bei Budweis[2]) erwartete Albrecht die über Weitra und Gmünd heranziehenden Heere seines Sohnes Rudolf und des Königs Karl Robert von Ungarn. Die Österreicher hatten schon gleich nach der Kriegserklärung verheerende Einfälle in Mähren an die Taja gemacht, die Umgegend von Brünn verwüstet, Nikolsburg erobert und Joslowitz zerstört.[3]) Dafür nahmen die aus Ungarn zurückkehrenden Böhmen Rache an Österreich[4]) Am schlimmsten hatte dies Land aber von den eigenen Verbündeten zu leiden. Das ungarische Heer bestand zum grössten Teil aus heidnischen Cumanen, die keinen Unterschied zwischen Freundes- und Feindesland machten, sondern Österreich auf gleiche Weise brandschatzten wie die Grenzgebiete von Böhmen und Mähren. Alle gleichzeitigen Chronisten berichten empört über die unmenschlichen Greuel, welche sie verübten.[5])

[1]) Eberh. archidiac. Ratispon. ann., p. 599: Tandem transiens civitatem Ratisponam et de permissu Ottonis ducis Bawariae rapinis et incendiis non modica ibi dampna fecit. Nach der Chron. Aulae regiae cap. 71, p. 173 zieht das Heer non sine pernicie indigenarum durch Bayern.

[2]) In dem oben (S. 34) bereits erwähnten Schreiben Albrechts an die Ungarn heisst es, er wolle mit seinem Heere directissime a Neuburga in Moraviam vorgehen. Diese Absicht hat er nicht ausgeführt, ist vielmehr direkt bis Budweis marschiert, wo er die Österreicher und Ungarn erwartete. Wie aus dem Bericht des Pfalzgrafen Rudolf an einen seiner Getreuen über diesen Feldzug (Palacky, Formelb., S. 326) hervorgeht, war Budweis vorher als Sammelpunkt der drei Heere bestimmt.

[3]) Reimchronik, Kap. 740.

[4]) Cont. Zwetl. tertia, p. 660: Quibus regressis in sua, statim Austrie que poterant mala reddebant.

[5]) Cont. Zwetl. tertia, p. 660: Qui in Moraviam Bohemiamque more suo cursitantes, predas hominum pecorumque abduxerunt maximas et nec sexui nec etati parcentes, in christianos et maxime in feminas facinora impudentissima exercuerunt. Hii etiam in Austria mala fecerunt quamplurima, per homicidia, rapinas, incendia, blasphemias in sacramenta effractis ecclesiis. Vgl. dazu Chron. Aulae regiae, cap. 71, p. 175 und Eberh. archidiac. Ratispon. ann., p. 600.

Eine andere ungarische Abteilung hatte unter Führung des polnischen Prätendenten Wladislaw Lokietek die Karpathen überschritten und einen Einfall in Polen gemacht, wo einige feste Plätze erobert wurden.¹)

Sobald sich die drei Heere bei Budweis²) vereinigt hatten,³) forderte König Albrecht auf die Klagen der Österreicher hin den Ungarn die Gefangenen ab,⁴) diese verweigerten jedoch die Herausgabe derselben, und ein Teil von ihnen⁵) verliess unter Führung des Grafen Lucas, des Woiwoden von Siebenbürgen, das Lager, um die Beute in Sicherheit zu bringen. Als Vorwand diente ihnen die Bestimmung des Vertrages vom 24. August, dass sie nur bis zum Michaelistage⁶) zu dienen verpflichtet seien. Doch gelangten sie bloss bis Altenburg, wo sie durch die von Albrecht ihnen nachgesandten Truppen⁷) eingeholt, am 2. Oktober geschlagen und zerstreut wurden. Eine unermessliche Beute fiel in die Hände der Sieger, alle Gefangenen wurden befreit.

Mit seinem Sohne Rudolf, der die Österreicher, und Karl Robert, welcher die zurückgebliebenen Ungarn führte, vereinigt, brach nun Albrecht von Budweis auf und zog, das Land ringsum verwüstend, ohne erheblichen Widerstand zu finden,⁸) bis

---

¹) Vgl. Dudik VII, S. 306.
²) Nicht zwischen Brünn und Pressburg, wie Riezler, Gesch. Bayerns II, 280 angiebt.
³) am 29. September.
⁴) Dies Verlangen würde unberechtigt gewesen sein, wenn die Ungarn nu- in Feindesland geraubt hätten; denn nach dem Vertrage vom 24. Aug. sollte alle ihre Beute, Menschen nicht ausgenommen, ihr Eigentum bleiben. Vgl. Kurz I, S. 273; Fejér, Cod. dipl. Hungar. VIII, I, 158.
⁵) Die Cont. Zwetl. tertia, p. 661 sagt, 7000 Cumanen seien nachts heimlich entflohen.
⁶) dem 29. September.
⁷) 4000 Leichtbewaffnete nach der Cont. Zwetl. tertia, p. 660.
⁸) Dass die Böhmen sich bei dem Eindringen der Feinde nicht völlig passiv verhalten haben, geht aus dem Schreiben des Pfalzgrafen (Palacky, Formelb., 326) hervor; auch würde Albrecht sonst eher nach Kuttenberg gelangt sein, da übereinstimmend gemeldet wird, dass er sich nicht mit der Belagerung befestigter Plätze aufgehalten habe.

Kuttenberg, wo er am 18. Oktober eintraf. Dieser Platz, dessen Besitz allein ihm die Kosten des Feldzuges ersetzt, und dessen Wegnahme den Böhmenkönig der Grundlage seiner Macht, seines Reichtums, beraubt hätte, wurde nun von allen Seiten umschlossen. Vielleicht hatte Albrecht gehofft, durch einen schnellen Sturm die Stadt zu nehmen oder doch, im Vertrauen auf seine oft bewährte Belagerungskunst [1]), in nicht zu langer Zeit dieselbe zur Übergabe zwingen zu können. Bald aber musste er einsehen, dass die Stadt zu fest und zu gut verteidigt war [2]), als dass er hätte erwarten können, sie noch vor Eintritt des Winters zu erobern. Zudem brachen in seinem Heere Krankheiten aus, eine Folge der Kälte, des Mangels an Lebensmitteln und des von den Belagerten durch Schlacken und andern Unrat verdorbenen Elbwassers [3]), sodass er sich schon nach 4 Tagen genötigt sah, die Belagerung aufzuheben und den Rückzug anzutreten. Dieser Misserfolg wird von der Continuatio Zwetlensis tertia [4]) dem Herzog Otto von Niederbayern, von der Reimchronik [5]) dem Grafen Eberhard von

---

[1]) Vgl. Mücke, S. 181.

[2]) Oberbefehlshaber war Heinrich von Lipa (Dalimil in „Bibliothek des litterar. Vereins in Stuttgart" 48, 25 u. Fontes rer. Bohem. III, 211).

[3]) Ann. Osterhov., p. 552: aeris intemperie impediente.
Chron. Aulae regiae, cap. 71, p. 176: Plures namque montani fuliginem purgamentumque scoriosum argenti, alias quoque coenosas immundicias ex foveis et casis defluentes fluvio illi labenti ad exercitum hostilem miscuerunt, ex quo satis habunde potaverunt, ita quod homines et jumenta sine numero illo infecti toxico interierunt.
Cont. Zwetl. tertia, p. 661. Cod. I: Rex Romanorum ... tandem timore urgente et penuria, cum confusione in Austriam redire cogitur. Codex II: Rex ... tandem frigore urgente et penuria, casso labore redire in Austriam cogitur. Vgl. auch Cont. Sancrucensis tertia (M. G. SS. IX) p. 733; Reimchronik 746 u. Chron. Sampetr., p. 146.

[4]) p. 661. Cod. II: Chuttnam facile obtinuisset tunc adventus sui initio, sed dux Wabarie Otto, qui et ipse in comitatu et auxilio suo erat, ipsum sub pietatis specie avertit, ne videlicet innumera milia hominum perirent. Ähnlich Cod. I.

[5]) Kap. 746:
Do sprach der von Wirttemberg:
Herr, welt Ir sturmen de perg,

Würtemberg zugeschrieben. Erstere erzählt, Albrecht hätte bei seiner Ankunft Kuttenberg leicht nehmen können, aber der Herzog Otto hätte unter Hinweis auf die ungeheueren Verluste, welche bei einem Sturme auf beiden Seiten unvermeidlich wären, davon zurückgehalten. Dann fährt sie fort: Hoc autem ducis consilium suspectum fuit per consequens factum. In der Folge traten eben beide Fürsten zu Wenzel über, daher suchte man durch ihre Verräterei das Misslingen dieses so sorgfältig vorbereiteten, aber zu spät unternommenen Feldzuges zu erklären. Haben sie wirklich von dem Sturme auf Kuttenberg abgeraten, so wird sie dabei die Einsicht geleitet haben, dass ein Gelingen ausserhalb des Bereiches der Möglichkeit liege. Die Rücksicht auf Menschenleben ist doch im Kriege, zumal in jener Zeit, wo in Feindesland auch die friedlichsten Bewohner nicht geschont wurden, niemals massgebend gewesen und würde Albrecht schwerlich bewogen haben, die Früchte eines ganzen Feldzuges, wenn solche für ihn überhaupt noch zu pflücken gewesen wären, preiszugeben. Zu allen Unglücksfällen der letzten Zeit kam nun noch die Nachricht, dass das böhmische Heer sich zusammenziehe, um ihm den Rückzug abzuschneiden. Bis dahin hatte Wenzel eine offene Feldschlacht vermieden, vielmehr seine zahlreichen Truppen[1]) zur Verteidigung der Festungen des Landes verwendet — nur eine Abteilung von 5000 Mann stand unter dem Oberbefehle der Mark-

---

        Das must Ir tun ane mich,
        Es wirt ain ding unpillich
        Und ain sach wilde,
        Daz diez unpilde,
        Als Ir welt schaffen,
        Nicht understent dy phaffen.

Dann weist er darauf hin, dass die Bergleute aus allen möglichen Ländern stammen, also unschuldig für den Frevel des Böhmenkönigs würden leiden müssen. Endlich giebt er dem Könige den Rat, nach Prag zu ziehen.

[1]) Nach der Reimchronik, Kap. 745, hatte er über 100000 Fusssoldaten; nach Eberh. archidiac. Ratispon. ann., p. 600: decem milia magnorum equorum cum militibus et aliorum equestrium et pedestrium plus quam centum milia bellatorum.

grafen Hermann und Otto von Brandenburg bei Nimburg an der Elbe[1]) —, jetzt, auf die Kunde, dass Albrechts Heer decimiert sei, zog er dieselben schleunigst zusammen, um jenes, wenn möglich, völlig zu vernichten[2]). Des deutschen Königs Rückzug über Iglau — die Ungarn hatten sich schon vorher bei Burdenitz von ihm getrennt — nach Österreich sieht deshalb einer Flucht verzweifelt ähnlich[3]). Schon am 1. November erreichte er die österreichische Grenze und entliess sogleich sein Heer.

So war der erste Feldzug gegen Böhmen resultatlos verlaufen, Tausende von Menschen — die Continuatio Zwetlensis tertia[4]) schätzt den Gesamtverlust an Menschen auf 30 000 — waren nutzlos hingeopfert. Fragen wir nach der Ursache dieses Ausganges, so ist dieselbe entschieden in der Langsamkeit Albrechts zu suchen. Es ist fast unbegreiflich, dass er erst im Herbst 1304 den schon länger als ein Jahr geplanten und in so schroffer Weise provozierten Krieg begann. Freilich musste er, um mit Erfolg die Offensive ergreifen zu können, über ein bedeutendes Heer verfügen, aber dass diese Rüstungen sich so ungewöhnlich lange hinauszogen, war ein grosser Fehler, der, bei einiger Vorsicht von seiten des Böhmenkönigs, auch durch

---

[1]) Chron. Aulae regiae, cap. 71, p. 176.

[2]) Von dem Anmarsch des böhmischen Heeres auf Kuttenberg berichten die Chron. Aulae regiae, cap. 71, p. 176 und Reimchronik 745.

[3]) Vgl. die schon S. 40, Anmerkung 3 angeführten Worte der Cont. Zwetl. tertia: Tandem timore urgente et penuria cum confusione in Austriam redire cogitur. Auf die Unwahrscheinlichkeit des Berichtes der Reimchronik 746, Albrecht sei am ersten Tage nur zwei Meilen marschiert, weil er noch auf einen Zusammenstoss mit der böhmischen Macht gehofft habe, macht schon Palacky (Geschichte von Böhmen II. S. 394, Anmerkung) aufmerksam. Vgl. auch Dudik VII, 309. Die Chronica Aulae regiae, cap. 71, p. 176,177 übertreibt aber offenbar, wenn sie sagt: Jam nox unica belli differebat discrimina, sensit itaque ut dicebatur innocentiae impugnator admota propius signa belli, ipse et omnes, qui cum eo erant, timore sunt percussi, tyrones ex sola suspicione vulneris pallescunt, sed et veteranis genua tremuerunt, unde in primo noctis gallicinio abjecto pudore ex timore ingens victor Romanorum fugam arripuit et abscessit.

[4]) p. 661.

das energischte Vorgehen nicht wieder gut gemacht werden konnte. Vielleicht glaubte er durch einen Zug gegen die Schatzkammer Böhmens Wenzel zum offenen Kampfe zwingen zu können, wobei er hoffen durfte, durch seine überlegene Feldherrnkunst den Sieg davonzutragen.

Der Krieg war durch den Winter nur unterbrochen, nicht beendet. Albrecht freilich war nicht abgeneigt, durch Herabminderung seiner Forderungen mit Wenzel zu einem billigen Frieden zu kommen, aber dieser wies alle darauf bezüglichen Anträge zurück. Waren doch im Jahre 1303 seine wiederholten Bemühungen, jenen zu gerechteren Forderungen zu bestimmen und so den Frieden zu erhalten, in einer so schroffen Weise zurückgewiesen worden, dass der empfindliche Böhmenkönig sich tief verletzt fühlen musste. Jetzt hatte er die Erfahrung gemacht, dass, wenn er sich in der Defensive hielt, er dem deutschen Könige nicht nur gewachsen sondern überlegen war, und war nun nicht gesonnen, demselben die Nachteile des mutwillig herbeigeführten Krieges zu ersparen. Zwar hatte Böhmen durch die Plünderungen und Verwüstungen, welche in damaliger Zeit immer den Weg des feindlichen Heeres bezeichneten, schwer zu leiden, und für den Augenblick war auch Wenzels Kasse erschöpft[1]), aber die reichen Hilfsquellen des Landes liessen die Folgen nicht allzu schwer empfinden. Albrecht dagegen war nicht einmal imstande gewesen, den verbündeten Fürsten und Soldaten genügend Sold zu bezahlen[2]). Dies bewog den Herzog Otto von Niederbayern und den Grafen Eberhard von Würtemberg zum Abfalle. Ersterer hatte vergebens Ersatz für den seinem Lande zugefügten Schaden gefordert[3]); kein Wunder daher, dass er sich auf die Seite wandte,

---

[1]) Vgl. Dudik VII, S. 314.

[2]) Eberhardi archidiac. Ratispon. ann., p. 600: Rex Romanorum sperata stipendia non persolvit principibus et militibus.

[3]) Siehe Seite 38. Vgl. ferner Ann. Osterhov., p. 554: Dominus Otto dux Bawarie videns quia parum profecerat servicio regis Romanorum Alberti in expedicione versus Boemiam, nec recompensam dampn transitus terre sue, nec stipendia sibi et sue milicie promissa habere posset.

wo ihm grössere Vorteile winkten. Vergebens suchte der König ihn in der Treue zu erhalten [1]). Auch andere Reichsfürsten, die ihm während des letzten Feldzuges entweder feindlich gegenüber gestanden oder doch ihre Hilfe verweigert hatten, versuchte er durch Gunsterweise sich wieder zu verbinden. So die Herzöge von Kärnten durch Verleihung von Zöllen [2]), den Markgrafen Hermann von Brandenburg durch Wiedergewährung der dreihundert Mark auf Lübeck [3]). Jene aber schlossen sich, wie die Reimchronik berichtet, bald darauf Wenzel an [4]), und ob Markgraf Hermann sich vollständig von Wenzel abgewandt habe, wie Kopp [5]) meint, ist nicht ersichtlich, jedenfalls aber sehr unwahrscheinlich, da die Sachlage betreffs Meissens sich noch nicht geändert hatte [6]).

Als Albrecht am 2. Februar 1305 Österreich verliess, verweigerten ihm die bayerischen Herzöge den Durchzug durch ihr Land; er sah sich daher genötigt, denselben zu erzwingen. Herzog Otto trat nun zu Wenzel in ein sehr nahes Verhältnis. Dieser ernannte ihn an seiner Statt zum Oberbefehlshaber über das böhmische Heer und liess ihm von allen Baronen Böhmens und Mährens den Eid der Treue und des Gehorsams leisten [7]). Fürwahr, ein grosses Vertrauen gegenüber einem Manne, der eben noch als Feind in Böhmen gehaust hatte! Aber Herzog Ottos Verhalten rechtfertigte dasselbe. Auf seinen Rat wurden dem Grafen Eberhard von Würtemberg 500 Mark Silber übersandt, wodurch dieser zu Wenzel überzutreten bewogen wurde.

---

[1]) Vgl. Reimchronik, Kap. 747 und 748.
[2]) Böhmer, Reg. Albrechts, Nr. 493.
[3]) Kopp, Gesch. III, 2, 350, Anmerkung 7.
[4]) Kap. 749. Herzog Heinrich von Kärnten soll dem Könige in Prag einen Besuch gemacht und bei dieser Gelegenheit die Urkunden, auf welche sich die böhmischen Ansprüche auf Kärnten stützten, zurückerlangt, sowie das Versprechen einer Heirat mit Wenzels ältester Tochter Anna erhalten haben.
[5]) S. 350.
[6]) Auch wäre dann die Erwähnung des Markgrafen in der Friedensurkunde vom 18. Aug. 1305 (Emler, nr. 2053) überflüssig gewesen.
[7]) Cont. Zwetl. tertia, p. 661.

Damit erstand ein gefährlicher Feind für die habsburgischen Besitzungen in Schwaben, deren Ausbreitung entgegenzuwirken von jetzt an Eberhards eifrigstes Bestreben war [1]).

Alle ferneren Versuche Albrechts, das Zerwürfnis mit Böhmen friedlich beizulegen, wurden von dem nun daselbst allmächtigen Herzog Otto verhindert. Jener traf zwar Anstalten zu einem neuen Feldzuge, aber die Rüstungen gingen so langsam von statten, dass sie voraussichtlich nicht vor Ende des Sommers 1305 beendet sein konnten, während Wenzel, ausser von den schon genannten Fürsten, aus Polen, Breslau und Sachsen Hilfstruppen heranzog [2]). So wuchs die Zahl der Gegner Albrechts von Tag zu Tag, während unter seinen Verbündeten kein namhafter Reichsfürst erscheint. Eine Schwächung der königlichen Macht wäre der Mehrzahl derselben sehr erwünscht gewesen. Da befreite die Vorsehung den König aus seiner immerhin peinlichen Lage. Am 21. Juni 1305 starb Wenzel II., noch nicht 34 Jahre alt, an der Schwindsucht [3]), die nach dem ungarischen Feldzuge zum Ausbruch gekommen war und seine ohnehin schwächliche Gesundheit langsam untergraben hatte [4]). Er wurde von den Böhmen aufrichtig betrauert, denn sie verloren in ihm einen milden, gerechten und wohlwollenden Herrscher, der die Beglückung seiner Unterthanen zur Aufgabe seines Lebens gemacht hatte. Es ist hier nicht der Ort, die grossen Verdienste, welche er sich um sein Land erworben hat, eingehend zu würdigen; nur soviel mag erwähnt werden, dass selbst seine Gegner ihm weiter nichts vorzuwerfen wussten als Hang zu sinnlichen Genüssen. Daneben tadelte die national-

---

[1]) Vgl. P. Fr. Stälin, Gesch. Württembergs I, 2, 471.
[2]) Cont. Zwetl. tertia, p. 661.
[3]) Chron. Aulae regiae, cap. 72, p. 180.
[4]) Natürlich fehlte es, wie damals fast bei allen Todesfällen hervorragender Personen, nicht am Verdacht der Vergiftung. Auch mochte ja Wenzels Tod dem Volke unerwartet kommen, da, schon in Rücksicht auf den bevorstehenden Krieg, der wahre Stand seiner Gesundheit jedenfalls den Unterthanen verheimlicht war. Der Mönch von Fürstenfeld entblödet sich nicht, den Tod Wenzels II. u. III. dem Könige Albrecht zur Last zu legen. Böhmer, Fontes I, 27.

czechische Partei seine, wie sie meinte, allzu grosse Begünstigung der Deutschen. Dem Unmut darüber giebt Dalimil Ausdruck.

König Albrecht erhielt die Nachricht von Wenzels Tode in Speier und liess daselbst am 30. Juni eine kirchliche Totenfeier für seinen königlichen Schwager abhalten [1]).

Die Lage der Dinge hatte sich durch diesen Todesfall nicht so verändert, wie man auf den ersten Blick annehmen sollte. Wohl sass jetzt auf dem böhmischen Königsthrone ein kaum dem Knabenalter entwachsener Jüngling, Wenzel III., welcher, um als rechtmässiger König zu gelten, der Bestätigung von seiten des deutschen Königs bedurfte, also Grund genug hatte, zu demselben in ein freundliches Verhältnis zu treten. Dem gegenüber fiel aber schwer ins Gewicht, dass sein Vater ihn sterbend ermahnt hatte, sich der Leitung des Herzogs Otto von Niederbayern anzuvertrauen [2]), ein Friede mit Böhmen ohne Berücksichtigung des Bayernherzogs daher nicht möglich war. Es galt also, zugleich die Ansprüche dieses Fürsten, der neuerdings Albrecht gegenüber eine so schroffe Haltung angenommen hatte, zu befriedigen. Letzterem wird es daher nicht leicht geworden sein, Unterhandlungen mit ihm anzuknüpfen. Dennoch zögerte er nicht es zu thun, rückte aber zugleich mit seinem schon vorher für den beabsichtigten Zug gegen Böhmen gesammelten Heere in der Richtung auf Nürnberg vor, um, falls kein friedlicher Ausgleich zustande kommen sollte, sogleich die Feindseligkeiten eröffnen zu können. Dazu sollte es jedoch nicht mehr kommen. Die Unterhandlungen wurden in Prag geführt, und schon am 5. August hatte man sich über die Friedensbedingungen geeinigt [3]); am 15. Aug. wurde der Friede mit Bayern, am 18. Aug. der mit Böhmen von Albrecht zu

---

[1]) Lichnowsky, Regesten 486.
[2]) Ann. Osterhov., p. 554.
[3]) Dudik VII, 338 sagt, die Unterhandlungen seien am 5. Aug. 1305 zu Prag eröffnet; so sind doch wohl die Worte der Urkunde vom 8. Aug. (Emler, nr. 2051) usque diem composicionis inter nos et d. Albertum . . . . . a. d. MCCCV, quinta feria post vincula Petri in Praga celebrate . . . nicht zu verstehen.

Nürnberg ratifiziert. Aus den Ratifikationsurkunden ersehen wir die Bedingungen, über welche man übereingekommen war. In der ersten Urkunde[1]) erklärt Albrecht, dass er sich mit den Herzögen Otto und Stephan versöhnt und ihnen alle Schuld gegen ihn selbst und das Reich verziehen habe, möchten sie dieselbe in ihrem Interesse oder in dem des Königs von Böhmen begangen haben. Alle Festungen, Güter oder Lehen, die ihnen oder ihren Dienern und Helfern, welche in diese Sühne mit eingeschlossen sein sollten, während des Krieges genommen seien, sollten zurückgegeben werden. Wegen des Schadens, der ihnen von seinen Truppen beim Durchzuge durch ihr Land zugefügt sei, und wegen der nachgelassenen Güter des Grafen von Hirschberg, auf welche die Herzöge Ansprüche machten, sollten Herzog Heinrich von Kärnten und Graf Berthold von Henneberg als Schiedsrichter entscheiden. Die Ansprüche endlich, welche er selbst an die Herzöge habe, wolle er bis Michaelis über 5 Jahre nicht geltend machen.

Jedenfalls ein für Bayern ausserordentlich günstiger Friede, von Albrecht wohl nur deshalb zugestanden, um sich des Einflusses, welchen Herzog Otto auf Wenzel III. ausübte, zu seinen Gunsten zu bedienen.

In der Urkunde vom 18. August[2]) finden sich folgende Bestimmungen:
1) Wenzel III. wird von der Reichsacht befreit, in welche er zugleich mit seinem Vater verfallen war;
2) Albrecht verspricht, niemals den König Wenzel von Böhmen und Polen, dessen Erben und Nachfolger an dem Besitze der Reiche Böhmen und Polen, noch aller Herrschaften, Länder und überhaupt alles dessen, was auf ihn als Nachfolger seines Vaters unter irgend welchem Titel übergegangen ist, weder rechtlich noch faktisch zu hindern, auch wenn er (Albrecht) oder das Reich Anspruch darauf haben sollten; sondern Wenzel und seine Erben sollen die genannten Reiche, Herrschaften und Länder nebst allem Zu-

---

[1]) Kurz II, 244—246; M. G. LL. II, 485—486; Emler, nr. 2052.
[2]) M. G. LL. II, 486; Emler, nr. 2053.

behör in und über der Erde für immer frei und friedlich besitzen;

3) Die Verbündeten des böhmischen Königs, die Herzöge Otto und Stephan von Bayern, die Markgrafen Otto, Hermann, Johannes und Waldemar von Brandenburg und überhaupt alle, welche ihm geholfen haben, werden in diese Versöhnung eingeschlossen und vollständig in alle ihre Güter, Rechte und Ehren wieder eingesetzt;

4) Betreffs des Breslauer Landes sollen gemeinsam ernannte Schiedsrichter entscheiden;

5) über die Festungen, welche die Vorgänger Wenzels im Lande Eger, das er in dem Zustande, in welchem es seinem Vater von König Adolf übertragen war, an Albrecht zurückzugeben versprochen hat, angelegt haben, soll gerichtlich entschieden werden, wenn nicht Wenzel sie lieber vom Könige zu Lehen nehmen will.

Am 20. August endlich bestätigte Albrecht dem Könige Wenzel von Böhmen und Polen alle Privilegien, Lehen, Rechte, Freiheiten und Gnaden, welche er selbst und seine Vorgänger im Reiche dem verstorbenen Könige Wenzel und dessen Erben verliehen hatten.[1])

Diese Urkunden enthalten, genau genommen, bloss Zugeständnisse Albrechts; dass auch Wenzel solche gemacht habe, erfahren wir nur indirekt. Die eigentlichen Streitobjekte, Meissen und Ungarn, sind gar nicht erwähnt; nur von Eger wird beiläufig bemerkt, dass Wenzel es zurückzugeben versprochen habe. Jedenfalls ist auch von ihm eine Urkunde ausgestellt worden, in welcher seine Zugeständnisse präcisiert waren [2]); diese ist

---

[1]) Emler, nr. 2054; Jirecek, Cod. jur. Bohem. I, 446.

[2]) Böhmer, Reg. Albrechts, Nr. 517 meint, wegen der Herausgabe Meissens müsse ein eigener Vertrag geschlossen sein, und Wegele, Friedrich d. Freidige, S. 266, Anmerkung 2 stimmt dem bei. Warum gerade Meissens wegen ein besonderer Vertrag? Es ist viel wahrscheinlicher anzunehmen, dass zwei Urkunden ausgestellt wurden, deren eine die Zugeständnisse Albrechts, die andere diejenigen Wenzels enthielt. Die Erwähnung der Rückgabe Egers durch Wenzel geschieht doch nur beiläufig aus Anlass eines Zugeständnisses, welches Albrecht in betreff einiger Burgen dieses Landes macht.

leider nicht erhalten. Doch entschädigt dafür eine Urkunde vom 8. August 1305, in welcher Wenzel sich erbietet, den Markgrafen von Brandenburg gegen Rückgabe Meissens Pomerellen abzutreten [1]). Eine Ergänzung dazu giebt die Continuatio Zwetlensis tertia [2]) mit den Worten: Compositione quoque omnimoda inter ipsum et alios de parte sua principes ac avunculum suum regem Romanorum facta, eidem terram. Mysnensem resignavit. Wenzel tauschte also Meissen gegen Pomerellen ein und gab es Albrecht zurück; ferner verzichtete er — mit den erwähnten Einschränkungen — auf Eger. Ueber Ungarn dagegen scheint kein Einverständnis erzielt zu sein. Wenzel gab nicht nach, denn er nennt sich am 8. August — also nach der composicio mit Albrecht — Boemie, Ungarie et Polonie rex [3]); aber auch dieser machte hierin keine Konzession, wie daraus hervorgeht, dass er den König Wenzel in den Urkunden vom 18. und 20. August nur König von Böhmen und Polen nennt. Albrecht mochte aber, in richtiger Würdigung der Lage der Dinge in Ungarn, einsehen, dass dieses Land für den jungen Böhmenkönig doch verloren war, wünschte daher nicht, um einer Formsache willen den Frieden zu erschweren.

Vergleichen wir das, was Albrecht erreicht hatte, mit den einst von ihm an Wenzel II gestellten Forderungen, so ergiebt sich, dass er doch nur diejenigen durchgesetzt hat, deren Berechtigung nicht bezweifelt werden konnte. Dagegen verzichtete er für immer auf den Metallzehnt [4]), gewiss ein Zeichen, dass er selbst von der Rechtmässigkeit dieses Anspruchs nicht überzeugt war. Auch die Abtretung Polens und Krakaus liess

---

[1]) Emler, nr. 2051; Riedel, Cod. dipl. Brandenburg. I, 263.
[2]) p. 662.
[3]) Zuletzt führt er diesen Titel in einer Urkunde vom 10. Oktober 1305 (Emler, nr. 2057).
[4]) Ausgedrückt in der Urkunde vom 18. August durch die Worte: Wenceslaus . . . heredes ac successores . . . . predicta regna . . . cum . . . omnibus . . . . utilitatibus intra et supra terram . . . . debent obtinere in perpetuum et ea libere et pacifice possidere.

er fallen und bestand nicht auf eine ausdrückliche Verzichtleistung des Böhmenkönigs auf Ungarn.[1])

Wenzel trug nach den üblen Erfahrungen, die er in Ungarn gemacht hatte, kein Verlangen, noch einmal seine Ansprüche dort geltend zu machen. Er löste seine Verlobung mit der ungarischen Prinzessin Elisabeth, vermählte sich, seiner Neigung folgend, am 5. Oktober 1305 mit Viola, der Tochter des Herzogs Messek von Teschen, und übergab bald darauf[2]) dem Herzog Otto von Niederbayern die ungarischen Kroninsignien, indem er alle seine Rechte auf Ungarn an denselben abtrat.[3])

König Albrecht, mit Böhmen versöhnt, wandte sich gegen den Grafen Eberhard von Würtemberg, konnte ihn jedoch nicht besiegen. Dann bereitete er im Sommer 1306 eine Expedition nach Thüringen vor. Noch waren die Rüstungen, welche er am Rhein und in Schwaben betrieb, nicht vollendet, als ein Ereignis eintrat, durch welches dem Hause Habsburg die glänzendsten Aussichten eröffnet wurden. Wenzel III. nämlich, auf einem Zuge gegen Polen begriffen, wo Wladislaw Lokietek immer weitere Fortschritte machte, wurde in Olmütz am 4. August

---

[1]) Die Interessen des Papsttums liess er also bei diesem Friedensschlusse, streng genommen, ganz ausser acht.
[2]) Nach den Ann. Osterhov., p. 554 um den 9. Oktober.
[3]) Vgl. Chron. Aulae regiae, cap. 84, p. 208.
Ann. Osterhov., p. 554.
Cont. Zwetl. tertia, p. 662.
Cont. Weichardi de Polhaim (M. G. SS. IX), p. 817.
Cont. Sancruc. tertia (M. G. SS. IX), p. 793.
Nach der Reimchronik, Kap. 755, hätte schon Wenzel II. dem Herzoge Otto die Kroninsignien übergeben. Möglich ist ja, dass er letzterem schon dahin zielende Versprechungen gemacht und auch seinen Sohn hierzu bewogen habe. Dadurch liesse sich auch erklären, weshalb dieser, obgleich nicht gewillt, sich ferner in die ungarischen Angelegenheiten zu mischen, sich doch nicht von Albrecht zur Verzichtleistung zu Gunsten Karl Roberts bewegen liess. Er war eben schon Otto gegenüber gebunden. Aus dem Umstande übrigens, dass Wenzel mit der Lösung seiner Verlobung mit der ungar. Prinzessin auch seine Ansprüche auf Ungarn aufgab, geht doch unzweifelhaft hervor, worauf er dieselben gegründet hatte.

1306 meuchlings ermordet,[1]) ohne dass über die Person des Mörders oder die Motive seiner That sich etwas Bestimmtes hätte ermitteln lassen.[2]) Die czechische Partei beschuldigte die Deutschen, ja, sogar den König Albrecht der Urheberschaft, diese wiederum den böhmischen Adel, der die Zurückforderung der von Wenzel im Rausche verschenkten Güter befürchtet habe. Es ist nicht unwahrscheinlich, dass, wie Heidemann[3]) annimmt, die Ermordung des jungen Königs mit dem Sturze der deutsch-geistlichen Partei am Prager Hofe in Verbindung stand. Er hatte nämlich gleich nach seinem Regierungsantritt die Deutschen, welche seinen Vater geleitet hatten, vom Hofe entfernt und sich an die czechische Partei angeschlossen. Auch Peter von Aspelt war seines Kanzleramtes verlustig gegangen.

Durch den Tod Wenzels III. war die männliche Linie der Premysliden, des alten Regentenhauses, das seit Jahrhunderten über Böhmen geherrscht hatte, erloschen. Wenzel hatte keine Kinder hinterlassen, sondern nur vier Schwestern; ausserdem konnte vielleicht Herzog Johann von Schwaben, als Sohn einer böhmischen Prinzessin Enkel Ottokars II., als Erbe in Betracht kommen. Waren nun böhmische Prinzessinnen, bezw. ihre Nachkommen, erbberechtigt? Diese Frage zu beantworten, müssen wir einen Blick auf die bisher in Böhmen bestehenden Successionsverhältnisse werfen. Für die ältere Zeit hat darüber sehr eingehend Loserth im 64. Bande des Archivs für

---

[1]) Vgl. darüber Chron. Aulae regiae, cap. 84, p. 209.
Chron. Sampetr., p. 146.
Cont. Weichardi de Polhaim, p. 818.
Ann. Matseenses (M. G. SS. IX), p. 823.
Cont. Zwetl. tertia, p. 662.
Reimchronik, Kap. 772 u. 773.

[2]) An der Thäterschaft des Thüringers Konrad von Potenstein od. Konrad von Mulhow (vgl. Dudik VII, 361), der mit blutigem Dolche aus dem Palaste eilte und in der ersten Aufregung von den Wachen niedergehauen wurde, zweifelten schon die Zeitgenossen. Vgl. Chron. Aulae regiae, cap. 84, p. 209.

[3]) Forschungen IX, 304.

österreichische Geschichte gehandelt.[1])

Nachdem es dem Premysliden Spitihniew gelungen war, sich die Anerkennung als Herzog von sämtlichen in Böhmen zusammenwohnenden Stämmen zu verschaffen, wurde in der Folge stets[2]) ein Premyslide zum gemeinsamen Herrscher gewählt. Anspruch auf die Nachfolge hatte immer der älteste Prinz dieses Hauses (Seniorat), „aber in einer für das Wahlrecht der Grossen nicht präjudizierlichen Weise". Dem Kaiser kam nur die Bestätigung zu, wie 1126 Lothar gegenüber ausdrücklich erklärt wurde. Später pflegte der regierende Herzog vor seinem Tode den Nachfolger zu bezeichnen, dieser wurde dann von den Grossen gewählt und vom Kaiser bestätigt. Seit der Zeit der Staufer wurde Böhmen staatsrechtlich als Bestandteil des deutschen Reichs angesehen,[3]) daher musste naturgemäss der Einfluss der Kaiser auf die Thronbesetzung wachsen; Friedrich I setzte Böhmenherzöge ein und ab ohne Rücksicht auf das Wahlrecht des Volkes[4]). Nachdem dieselben schon einige Male vorübergehend zu Königen erhoben waren,[5]) wurde die erbliche Königswürde den böh-

---

[1]) Loserth, Das angebliche Senioratsgesetz des Herzogs Bretislaw I. und die böhmische Succession in der Zeit des nationalen Herzogtums. Ein Beitrag zur altböhm. Rechtsgeschichte. Im „Archiv für österr. Gesch." Bd. 64, S. 1—78. 1882.

[2]) Nur in zwei Fällen wurde das Recht der männlichen Premysliden auf den Herzogsstuhl nicht berücksichtigt. Nach Verjagung des tyrannischen Herzogs Boleslaw III. wählte man den polnischen Prinzen Wlodowej, den Sohn einer böhm. Prinzessin, aber eben wegen seiner Verwandtschaft mit dem angestammten Fürstenhause; und dann den Polenkönig Boleslaw Chabri.

[3]) Huber, Böhmen und das Wormser Konkordat (im 2. Bde der „Mitteilungen des Instituts für österreich. Geschichtsforschung" S. 386 bis 388) schliesst daraus, dass bezüglich der Aufeinanderfolge von Weihe und Investitur der Bischöfe für Böhmen dieselben Bestimmungen gelten, wie für das Teutonicum regnum, nicht aber jene für die aliae partes imperii (Italien, Burgund), dass Böhmen schon vor Friedrich I. staatsrechtlich als Bestandteil des deutschen Reichs angesehen wurde. Jedenfalls nicht von den Böhmen selbst, wie aus ihrer Erklärung von 1126 zu schliessen.

[4]) Loserth a. a. O., S. 52.

[5]) Wratislaw von Heinrich IV., Wladislaw von Friedrich I.

mischen Herrschern erteilt während des deutschen Doppelkönigtums unter Philipp von Schwaben und Otto von Braunschweig. Premysl Ottokar I. erhielt dann von Kaiser Friedrich II. zwei Urkunden ausgestellt, durch welche zuerst das staatsrechtliche Verhältnis Böhmens zum Reiche fixiert wurde; dieselben bilden also die Grundlage des böhmischen Staatsrechts[1]). Unter den darin enthaltenen Bestimmungen interessieren uns hier nur die auf die Erbfolge bezüglichen. In der ersten sogen. goldenen Bulle vom 26. September 1212 bestätigt Friedrich Ottokar als König und belehnt ihn und seine Nachfolger für immer taxfrei mit dem Königreiche Böhmen. Jeder zum König von Böhmen erwählte Premyslide soll aber vom Kaiser die Regalien empfangen[2]). Also erkannte Friedrich das Wahlrecht der Böhmen an und beanspruchte für den Kaiser nur die Bestätigung. Abgesehen von der Anerkennung Böhmens als Königreich, ist daher diese Bestimmung nur eine urkundliche Fixierung des schon seit Jahrhunderten bestehenden Gewohnheitsrechtes.

Premysl Ottokar beschloss dann, mit Hilfe dieses ihm sehr wohlgesinnten Kaisers statt der in seinem Lande bisher üblichen Senioratserbfolge die Primogenitur einzuführen. Er liess deshalb schon im Jahre 1216 seinen erst elfjährigen Sohn Wenzel von den Grossen des Reichs wählen und darauf den Kaiser um Bestätigung der Wahl bitten.[3]) Derselbe erteilte sie

---

[1]) Vgl. C. v. Höfler, Gedanken über das böhmische Staatsrecht (in „Mitteilungen des Vereins für Geschichte der Deutschen in Böhmen" Bd. 28, 1889, S. 158—162).

[2]) regnum Bohemie liberaliter et absque omni pecunie exactione et consueta curie nostre justitia sibi (scil. Ottokaro) suisque successoribus in perpetuum concedimus, volentes ut quicunque ab ipsis in regem electus fuerit, ad nos vel successores nostros accedat regalia debito modo recepturus. (Urkunde bei Huillard-Bréholles, Historia diplom. Friderici secundi I, 217).

[3]) Dudik V, S. 100 will hier eine Wahl Wenzels nur insofern annehmen, „dass die Primaten des Landes die Erklärung des Landesfürsten, dieser werde der Nachfolger sein, als Proposition auffassten, ihre formellen und materiellen Bedingungen prüften und sie schliesslich gutheissen". Angenommen, die Sache hätte sich so verhalten, so wäre das

in einer goldenen Bulle vom 26. Juli 1216[1]). Damit war die Primogenitur im Hause der Premysliden eingeführt, aber doch die Wahl ebenso wenig überflüssig geworden, wie sie es früher bei der Senioratserbfolge gewesen war. Hatte früher der älteste Premyslide Anspruch auf den Thron gehabt, so jetzt der älteste Sohn des letzten Königs, unbeschadet des Wahlrechts der Grossen. Dass für die nächsten Thronbesetzungen eine Wahl faktisch überflüssig wurde, lag an dem Umstande, dass immer nur ein successionsfähiger Prinz vorhanden war. Eine solche hat nur noch bei Ottokar II., welcher mit seinem Vater zerfallen war, stattgefunden, bei Wenzel II. u. III. nicht mehr.

Die Verbindung Böhmens mit dem deutschen Reiche wurde im Laufe des dreizehnten Jahrhunderts dadurch noch inniger, dass der Böhmenkönig auch die Kurwürde erhielt. „Er konnte selbst Kaiser werden und übte so durch seine Stellung und Würde eine in den wichtigsten Angelegenheiten massgebende Macht aus"[2]). Die Böhmenkönige gehörten also zu den bevorrechteten Reichsfürsten und übten alle Rechte eines solchen aus, betreffs der Pflichten hingegen hatten sie sich immer noch einiger Vorzüge zu erfreuen[3]). Böhmen nahm daher, verglichen mit den übrigen Reichsländern, eine Ausnahmestellung ein. Das Wahlrecht der Stände bestand zu Recht, mochte eine Ausübung desselben bei den letzten Thronerledigungen durch besondere Verhältnisse auch unnötig geworden sein. Nun war aber dieses Wahlrecht ein beschränktes, nur ein Premyslide hatte Anspruch auf den böhmischen Königsthron. Wie nun, da die männliche Linie derselben ausgestorben

---

durchaus keine Schmälerung des bisherigen Einflusses der Grossen auf die Besetzung des Thrones. Die einzige Änderung gegen früher bestand darin, dass die Wahl schon bei Lebzeiten des regierenden Königs stattfand.

[1]) Erben, Reg. Bohem. et Mor. I, nr. 568.
[2]) Höfler a. a. O.
Wenzel hat, wie wir gesehen haben, bei der Wahl von 1299 eine entscheidende Rolle gespielt.
[3]) Vgl. Urkunde Friedrichs II. vom 26. Sept. 1212 u. Albrechts I. vom 14. März 1298.

war? War weibliche Erbfolge zulässig? Oder konnten die Stände durch freie Wahl den erledigten Thron besetzen, wobei natürlich dem deutschen Könige die Bestätigung vorbehalten blieb? Oder endlich: War jetzt auch das Wahlrecht der Böhmen erloschen, und dem Lande als erledigtem Reichslehen vom deutschen Könige ein Oberhaupt zu geben? Diese Fragen werden sehr verschieden beantwortet. Palacky[1]) vertritt entschieden das Wahlrecht der Stände, Horcicka[2]) nicht minder entschieden die gegenteilige Ansicht; auch Kopp[3]), Huber[4]) u. a. neigen des letzteren Ansicht zu. Eine Einigung darüber ist deshalb fast unmöglich, weil es, ausser den erwähnten Bullen Friedrichs II., über die staatsrechtlichen Verhältnisse Böhmens an urkundlich beglaubigten Nachrichten völlig fehlt. Wenn aber Horcicka[5]) meint, der Umstand, dass die Partei der Prinzessinnen auf der ersten Wahlversammlung am 22. August gefälschte Urkunden vorgewiesen habe, liefere den klarsten Beweis, dass die weibliche Nachkommenschaft in Böhmen von der Nachfolge ausgeschlossen gewesen sei, so kann ich ihm darin nicht beistimmen. Daraus erhellt doch nur, dass sich die Ansprüche der Prinzessinnen nicht urkundlich beweisen liessen. In der Urkunde Friedrichs II. vom 26. Sept. 1212 ist aber nur allgemein von den Nachfolgern (successores) Ottokars die Rede, nicht etwa von seinen männlichen Erben, wie in Albrechts Erbfolgeordnung vom 18. Januar 1307.

---

[1]) Geschichte von Böhmen II, 2, S. 47.

[2]) Adalbert Horcicka, Herzogs Rudolf III. von Österreich Einsetzung zum Könige von Böhmen im J. 1306 (in „Mitteilungen des Vereins für Geschichte der Deutschen in Böhmen" 1879, S. 186—198).

[3]) Gesch. III, 2, S. 360, Anmerkung 6.
Kopp führt für Albrechts Anspruch an, dass auch dessen Nachfolger Heinrich VII. später das Recht der Besetzung in Anspruch genommen habe. Das geschah ebenfalls im eigenen Interesse, ist deshalb wohl nicht als Beweis der Rechtmässigkeit des Verfahrens anzusehen. Analog ist Albrechts Verhalten in Bezug auf Thüringen; daraus folgt doch nicht, dass König Adolfs Ansprüche auf dies Land rechtmässig erworben waren.

[4]) Geschichte Österreichs II, S. 94.

[5]) S. 187.

Darin liegt also durchaus kein Ausschluss der weiblichen Premysliden von der Nachfolge.

Da Böhmen in dieser Zeit staatsrechtlich zum deutschen Reiche gehörte, in den deutschen Ländern aber die weibliche Erbfolge nicht zu Recht bestand, so konnte König Albrecht nach dem deutschen Lehenrechte die Besetzung des böhmischen Thrones für sich in Anspruch nehmen, aber natürlich unter Berücksichtigung des Wahlrechts der Stände[1]). Er konnte also den Thronkandidaten nominieren, musste aber den Ständen überlassen, ob sie ihn wählen wollten oder nicht. Da aber ferner Böhmen eine überwiegend slavische Bevölkerung hatte, bei den slavischen Nationen aber weibliche Erbfolge nichts Ungewöhnliches war,[2]) so wäre es nicht mehr als billig gewesen, auf die Wünsche des Volkes, das am angestammten Herrscherhause hing, Rücksicht zu nehme. Die einfachste und alle Parteien befriedigende Lösung wäre also gewesen, wenn Albrecht seinen Neffen Johannes, den Enkel Ottokars II., in Vorschlag gebracht hätte; war doch schon einmal der Sohn einer Premyslidin eben dieser seiner Verwandtschaft wegen zum Herrscher Böhmens gewählt worden.[3])

Doch sehen wir zu, wie sich die Verhältnisse in Böhmen nach Wenzels III. Ermordung gestalteten. Die Regierung des Landes lag in den Händen des Herzogs Heinrich von Kärnten, dem jener die Verwaltung des Reiches während seiner Abwesenheit übertragen hatte.[4]) Er war seit Februar 1306 Gemahl der

---

[1]) Weshalb durch das Aussterben der Premysliden auch das Wahlrecht der Stände erloschen sein soll, wie Horcicka, S. 188 meint, sehe ich nicht ein.

[2]) Vgl. über Polen S. 16.

[3]) Siehe S. 52, Anmerkung 2.

[4]) So berichten Dalimil (Fontes rerum Bohem. III), p. 210 und die Reimchronik, Kap. 773; ihnen folgen Palacky, Gesch. II, 2, S. 45 und Kopp, Gesch. III, 2, 357—358, während Horcicka a. a. O., S. 188, Anmerkung 2 zu erweisen sucht, dass Heinrich damals gar nicht in Böhmen gewesen, sondern erst durch die Stände berufen sei. Er bezieht sich auf die Worte der Chronica Aulae regiae, cap. 85: Videns autem haec dux Chorinthiae, quia non proficeret, latenter de Praga una

böhmischen Prinzessin Anna, der ältesten Schwester des letzten Königs, und hoffte als solcher den böhmischen Thron zu besteigen. Gewiss auf seinen Betrieb wurde, um eine Intervention des deutschen Königs zu verhindern, schon auf den 22. August der Landtag zum Zweck der Königswahl einberufen. König Albrecht befand sich zur Zeit der Ermordung Wenzels in der Nähe des Rheins,[1]) muss aber doch die Nachricht so früh erhalten haben, dass er seinen Anhängern in Böhmen bis zum 22. August Instruktionen zugehen lassen konnte.[2]) Er

cum domina Anna uxore sua anfugit et per Bavariam transiens in terram suam, unde venerat, reversus est; und den scheinbar sehr genauen Bericht Johanns von Victring (Böhmer, Fontes I, 350): Heinricus autem dux, suscepta legatione, ex Karinthia et de montanis electam congregat militum multitudinem, habens secum Stephanum, ducem Bawarie consanguineum, ut regnum susciperet Bohemiam inrolvit, receptusque est ab hiis, qui eum vocaverant, gloriose. Nun kann ich in der angeführten Stelle der Chron. Aulae regiae durchaus keine Stütze für eine Berufung Heinrichs nach Wenzels Tode finden; in den Worten unde venerat liegt doch kein Hinweis auf irgend eine Zeit, wann er aus Kärnten nach Böhmen gekommen sei, ob vor oder nach des Königs Tode. Der Bericht Johanns von Victring dagegen scheint jeden Zweifel an einer Berufung des Herzogs durch die Böhmen zu beseitigen, zumal man allerdings annehmen sollte, dass der Verfasser bei seinen nahen Beziehungen zu Heinrich von Kärnten über diese Verhältnisse genau unterrichtet sein könnte. Doch ist das hier offenbar nicht der Fall. Wenn Heinrich sich mit einer auserlesenen kärntnischen Kriegsschaar am 22. August in Prag befunden hätte, würde der Widerstand der Minorität des böhmischen Landtages gegen seine Wahl sich wohl nicht so offen gezeigt haben, dass eine Wahl überhaupt nicht zustande kam. Wie erklärt sich endlich Heinrichs heimliche Flucht mit seiner Gemahlin aus Prag, wenn ihm genügend militärischer Schutz zur Seite stand? Sollte er wirklich seine Truppen schmählich im Stiche gelassen haben?

[1]) Vgl. Böhmer, Reg. Albrechts, S. 245.

[2]) Anders lässt sich die Partei Rudolfs von Oesterreich auf dem Landtage nicht erklären. Horcicka (a. a. O., S. 192, Anmerkung 4) meint, Albrechts Antwort hätte frühestens am 24. August in Prag eintreffen können. Es mag ja auch zugegeben werden, dass die böhmische Gesandtschaft, welche dem deutschen Könige den Tod Wenzels offiziell anzeigte, nicht sofort aufgebrochen ist, daher auch Albrechts solempnes nuntii . (Chron. Aulae regiae, cap. 85) nicht rechtzeitig nach Prag

liess ihnen erklären, dass er Böhmen als erledigtes Reichslehen betrachte und seinem Sohne Rudolf, dem Herzoge von Oesterreich, bestimmt habe.

Am 22. August trat also der Landtag zusammen, bestehend aus dem Adel und Abgeordneten der Städte [1]). In demselben standen sich zwei Parteien schroff gegenüber. Die Majorität verfocht in Uebereinstimmung mit dem böhmischen Volke das Erbrecht der Prinzessinnen und wünschte demgemäss Heinrich von Kärnten als Gemahl der ältesten derselben zum Könige; auch wurden angeblich kaiserliche Urkunden vorgelegt, welche das Erbrecht der weiblichen Premysliden beweisen sollten [2]).

kommen konnten. Nichts hindert jedoch anzunehmen, dass einer seiner Anhänger sofort nach dem Königsmorde einen Eilboten an ihn abfertigte, der noch zeitig genug mit vorläufigen Anweisungen zurückkehrte, sodass eine Wahl Heinrichs verhindert werden konnte. Wie hätte die Minorität des Landtags, zu der die Angesehensten des Reiches gehörten, gerade auf die Kandidatur Rudolfs kommen sollen, der doch absolut keine Ansprüche auf Böhmen erheben konnte. Die Erwägung, dass auf diese Weise die Monarchie Ottokars wiederhergestellt würde, kann auch nicht massgebend gewesen sein, sonst hätte Albrecht gewiss nicht gleich nach Rudolfs Einsetzung zum König von Böhmen dessen Verzichtleistung auf Oesterreich und Steiermark durchgesetzt. Dadurch musste er demselben ja seine treuesten Anhänger entfremden, wenn die Hoffnung auf Vereinigung dieser Länder mit Böhmen jene bei der Wahl am 22. Aug. geleitet hätte.

[1]) Chron. Aulae regiae, cap. 85: Facta est tam baronum, nobilium quam civium pro eligendo rege altero ad octavam Assumptionis generalis convocatio. Vgl. auch Cont. Sancruc. tertia, p. 733.
In keiner Quelle wird von einer Teilnahme der Geistlichkeit an dieser Wahlversammlung berichtet; wenn aber Horcicka (S. 190, Anmerkung 5) aus diesem Umstande und der Bulle Friedrichs II. vom Jahre 1216 schliessen will, dass sie schon seit längerer Zeit überhaupt kein Wahlrecht besessen habe, so widerspricht dem die Beteiligung des Bischofs von Prag an der Wahl Heinrichs im Jahre 1307.

[2]) Chron. Aulae regiae, cap. 85: instrumenta producuntur pro ipso imperialia: „ut si quis regum Bohemiae sine masculina progenie discederet ex hac vita, filia eodem jure in regno, quo et filius gaudere debeat, ne mortis aliquando rapacitas filum generationis regiae interrumpat". Vgl. auch Joh. Victoriensis (Böhmer, Fontes I, p. 348): Quamvis

Eine Minorität dagegen hielt hartnäckig daran fest, dass Böhmen als erledigtes Reichslehen vom deutschen Könige zu besetzen sei, und suchte für Rudolf von Oesterreich zu wirken. Sie liess sich selbst durch das drohende Verhalten des Volkes nicht beirren.[1]) So kam eine wirkliche Wahl überhaupt nicht zustande,[2]) und König Albrecht gewann nun Zeit, die Einsetzung seines Sohnes mit aller ihm eigenen Energie zu betreiben.[3]) Er hatte gleich nach Empfang der Nachricht von Wenzels Tode eine feierliche Gesandtschaft nach Böhmen geschickt, die den Ständen seine Auffassung der Lage auseinandersetzen, den Thronkandidaten bezeichnen, zugleich aber auch mit allen Mitteln, Versprechungen und Drohungen, für eine Wahl bezw. Anerkennung desselben wirken sollte. Der König selbst folgte mit dem gegen Thüringen aufgebotenen Heere[4]) der Gesandtschaft auf dem Fusse nach; schon am 29. August war er in Nürnberg[5]), wo er vorläufig blieb, um noch weitere Truppen an sich zu ziehen. Zugleich sandte er an Herzog Rudolf den Befehl, von Oesterreich aus in Böhmen einzurücken. Dieser leistete sofort Folge, lagerte im September bei Iglau und rückte später bis unter die Mauern Prags.[6]) Auch Albrecht drang Ende September

---

femelle in eodem regno dicantur successionem paternam ex indulto privilegio heredare, nichilominus sine virili amminiculo videtur turpe feminam habenas sine armis regnorum et gentium gubernare. Dass die Urkunden gefälscht waren, ist zweifellos. Vgl. Palacky, Gesch. II, 2, 48, Anmerkung 57. Die Angabe Pulkawas (ap. Dobner III, 262 u. 263), diese Urkunden seien der Versammlung von den Prinzessinnen Elisabeth und Margarete vorgelegt, die zugleich knieend um Berücksichtigung des Erbrechts der weiblichen Premysliden gebeten hätten, verwirft Horcicka (S. 191, Anmerkung 2) mit Recht.

[1]) Chron. Aulae regiae. cap. 85: Vulgaris itaque favor clamorem excitat etc.

[2]) Palacky, Gesch. II, 2, S. 49; Huber, Gesch. Oesterreichs II, S. 94.

[3]) Wie dies gelang, braucht hier nur angedeutet zu werden; Horcicka hat in seiner schon oft citierten Abhandlung sehr eingehend darüber gehandelt.

[4]) Wegele, Friedrich der Freidige, S. 274 u. 276.

[5]) Böhmer, Reg. Albrechts, Nr. 554.

[6]) Vgl. Kurz II, S. 246—248; Emler, nr. 2106 u. 2108.

über Eger in Böhmen ein [1]) und lagerte bei Laun an der untern Eger. Herzog Heinrich verliess bei Annäherung der feindlichen Heere, an seiner Sache verzweifelnd, heimlich mit seiner Gemahlin Prag und kehrte nach Kärnten zurück. Jetzt hatten Albrecht und Rudolf gewonnenes Spiel. Sie entliessen sogar auf die Bitte der Böhmen einen Teil ihrer Truppen — der Feindseligkeiten hatten sie sich überhaupt enthalten — und beschränkten sich auf Unterhandlungen. Geschenke und Versprechungen wurden nicht gespart, auch der Wunsch des Volkes, Rudolf möge sich mit einer böhmischen Prinzessin vermählen, von demselben genehmigt. So konnten Vater [2]) und Sohn schon Mitte Oktober in Prag einziehen, wo ihnen ein begeisterter Empfang zuteil wurde [3]). Rudolf wählte — wohl wider Erwarten der Böhmen — die Witwe Wenzels II., Elisabeth, zur Gemahlin und wurde ihr schon am 16. Oktober im Prager Dome durch den Erzbischof Konrad von Salzburg angetraut [4]). Zugleich erhielt er von Albrecht die Belehnung mit dem Königreiche Böhmen in dem vollen Umfange, wie es die beiden Wenzel besessen hatten [5]). Die Böhmen werden ihm dann gehuldigt haben.

Palacky [6]) nimmt an, Rudolf sei zwischen dem 8.—15. Oktober förmlich zum Könige von Böhmen gewählt worden,

---

[1]) Bis zum 8. September ist er in Nürnberg nachweisbar, am 26. Sept in Eger, am 9 Oktober bei Laun.
[2]) Auch König Albrecht war nach dem 8. Oktober vor Prag gerückt und hatte sich mit Rudolf vereinigt.
[3]) Vgl. Horcicka a. a. O., S. 197.
[4]) Dass die Böhmen sich durch diese Wahl getäuscht fühlten, möchte auch daraus zu schliessen sein, dass sie nach Rudolfs Tode den Vorschlag des Reichsmarschalls Tobias von Bechin, dem Herzog Friedrich eine böhmische Prinzessin zur Gemahlin zu geben, nicht beachteten. Sie wollten sich nicht zum zweitenmal düpieren lassen.
[5]) Die Belehnung Rudolfs zu Prag geht aus der noch zu erwähnenden Urkunde Albrechts vom 18. Januar 1307 (Emler, nr. 2128) hervor und zwar aus den Worten: ipsumque (scil Rudolfum) regno Bohemiae — praefecerimus apud Pragam. Anfang Oktober nannte sich Rudolf nur Herzog von Oesterreich (Vgl. Kurz II, S. 246—248; Emler, nr. 2106 und 2108), wurde auch von Albrecht noch am 8. Oktober so genannt (Kurz II, S. 248; Emler, nr. 2109).
[6]) Gesch. II, 2, S. 51.

während Kopp[1]) nur eine Anerkennung von seiten der Landherren zugeben will[2]). Die Chronica Aulae regiae[3]) spricht von einer Wahl, ebenso mehrere deutsche Quellen[4]). Warum, könnte man fragen, belehnte Albrecht, wenn er seinen von vornherein eingenommenen und später noch in Urkunden[5]) zum Ausdruck gebrachten Rechtsstandpunkt, dass Böhmen als erledigtes Reichslehen von ihm zu besetzen sei, unter allen Umständen festzuhalten entschlossen war, nicht gleich nach dem Tode Wenzels den Herzog Rudolf offiziell mit dem genannten Lande, ohne erst eine Willensäusserung der Stände abzuwarten? Die Belehnung hat, wie aus der S. 60. Anmerkung 5 angeführten Urkunde hervorgeht, erst nach dem 8. Oktober stattgefunden; irgend ein formeller Akt von seiten der Stände ist vorausgegangen, insofern also hat Albrecht nachgegeben; ob dieser Akt aber in einer Wahl oder Anerkennung Rudolfs bestanden hat, ist im Grunde ganz gleichgiltig, denn die eine war so wenig freiwillig wie die andere. Von einer Wahl kann man wohl kaum sprechen, wo der Thronkandidat den Wählern in so kategorischer Weise bezeichnet wird und, damit sie sich

---

[1]) III, 2, S. 361.

[2]) Auch Kurz I, 304 nimmt eine Wahl an, Horcicka u. Huber sind der Ansicht Kopps.

[3]) Kap. 85, p. 213: Nonulli enim tam de nobilibus quam civibus fuerunt, qui ipsum Rudolfum timoris et muneris intuitu, licet esset ad regnandum idoneus, elegerunt.

[4]) Die Bemerkung Horcickas S. 193, Anmerkung 5, dass die deutschen Quellen „fast ohne Ausnahme" die Wahl der Stände nicht berücksichtigten, ist nicht ganz richtig. Ausser der auch von ihm angeführten Contin. Sancruc. tertia (M. G. SS. IX, 733), welche den Ausdruck gebraucht: in regem elegerunt, sagt Johannes Victoriensis p. 349: (Albertus) veniens electioni et vocationi filii sapienter cum singulorum indagine se ingessit; und das Chron. Sampetr., p. 147: filius regis a Boemis in regem ipsius terre solenniter est electus. Letzteres ist auch sonst über diese Zeit gut unterrichtet.

[5]) Vgl. Urkunde vom 18. Jan. 1307 (Emler, nr. 2123). Darin werden in Bezug auf Böhmen und seine Nebenländer die Worte gebraucht: ad nos velut ad feodi dominum et ad idem imperium reversis legitime et apertis.

nicht unterstehen, anderer Meinung zu sein, eben dieser Thronkandidat mit einem Heere unter die Mauern Prags rückt. Formell mag daher eine Wahl stattgefunden haben, faktisch war sie nichts weiter als eine erzwungene Anerkennung. Dabei war es auch von keiner Bedeutung, wenn den Ständen alle möglichen Versprechungen gemacht und Geschenke ausgeteilt wurden; das diente nur dazu, sie mit der neuen Lage der Dinge auszusöhnen. Wenn endlich noch berichtet wird, sie hätten sich erst dann zur Wahl Rudolfs bereit finden lassen, nachdem dieser eingewilligt, sich mit einer böhmischen Prinzessin zu vermählen, um den Gefühlen der Pietät des böhmischen Volkes gegen das angestammte Herrscherhaus genugzuthun, so lässt sich dem entgegenhalten: Hat denn Rudolf wirklich diese Bedingung erfüllt? Gewiss hat er sich sogleich nach seinem Einzuge in Prag, wie schon erwähnt, mit Elisabeth, der Witwe des älteren Wenzel, vermählt; aber konnte denn die königliche Witwe, die polnische Königstochter, in den Augen des böhmischen Volkes für erbberechtigt, überhaupt für eine böhmische Prinzessin gelten? Wollte Rudolf wirklich in dieser Beziehung den nationalen Gefühlen der Böhmen ein Zugeständnis machen, so musste er sich mit einer der Schwestern des letzten Königs vermählen, von denen nur die Prinzessin Elisabeth in Betracht kommen konnte, da Margarete erst 10 Jahre alt war. Aber Rudolf wählte, seiner Neigung folgend, die schöne Polin zur Gemahlin, obgleich er einsehen musste, dass diese Heirat unmöglich die Billigung des Volkes finden könne.

Die folgenden Ereignisse bestätigen diese Darlegung. König Rudolf wird als ein Mann von vortrefflichen Eigenschaften geschildert, und doch erregt sein nach ganz kurzer Regierung erfolgter Tod die grösste Freude in ganz Böhmen. Ist das nicht der klarste Beweis, dass er den Böhmen nicht als ihr freiwillig erwählter König, seine Frau nicht als Erbin des Reiches galt? Wohl mochte die national-czechische Partei auch gegen ihn als Deutschen eingenommen sein, aber Heinrich von Kärnten war ebenfalls ein Deutscher und doch, als Gemahl einer böhmischen Prinzessin, den Czechen ein willkommener Fürst.

So hatte König Albrecht ohne Anwendung von Gewalt seinen Zweck erreicht, sein Sohn war der Herrscher eines mächtigen Königreiches geworden. Jetzt lag ihm nur noch die Sorge ob, dasselbe dem habsburgischen Hause für immer zu sichern. Er bewog daher die Stände, ihm eidlich zu versprechen und durch Brief und Siegel zu bekräftigen, dass, wenn Rudolf ohne männliche Erben stürbe, den Brüdern desselben und deren Nachkommen die Erbfolge nach dem Rechte der Erstgeburt zustehen sollte[1]). Doch auch das genügte dem vorsichtigen Könige nicht. Um jeden Zweifel in betreff der böhmischen Erbfolge zu heben, bewog er auf einer Zusammenkunft mit seinen Söhnen Rudolf und Friedrich in Znaim ersteren, das Königreich Böhmen ihm zur Verfügung zu stellen, damit er seine sämtlichen Söhne gemeinschaftlich mit demselben belehne. In der am 18. Januar 1307 darüber ausgestellten Urkunde erklärt Albrecht, dass sein Sohn Rudolf, dem er schon zu Prag das dem Reiche heimgefallene Königreich Böhmen in dem vollen Umfange, wie es die beiden Wenzel besessen hätten, verliehen habe, dieses Land wieder in seine Hände zurückgelegt habe mit der Bitte, auch seine übrigen Söhne Friedrich, Leopold, Albrecht, Heinrich und Otto mit demselben zu belehnen, damit, falls Rudolf ohne männliche Erben sterben sollte, das genannte Reich auf jene überginge. Er habe daher dem

---

[1]) Joh. Victor., p. 350; die Reimchronik, Kap. 776, sagt, die böhmischen und mährischen Stände hätten zu dieser Erbfolgeordnung ihre Zustimmung verweigert. Das ist jedenfalls nicht richtig. „Sie mögen sich anfangs gesträubt haben, schliesslich aber haben sie nachgegeben. Vgl. die Urkunde Albrechts vom 18. Jan. 1307; die Chronica Aulae regiae, secunda pars, cap. XII, p. 422: Habebant enim apud se duces Austriae privilegia quaedam fortissima, in quibus ipsis majores barones Boemiae temporibus Alberti Rom. regis, ducum Austriae genitoris, plura incauta juramenta fecerant et promissa; und die Cont. Sancrnc. tertia, p. 733: Bohemi .... Rudolfum ... in regem elegerunt. Insuper promittentes verbis, firmantes juramentis, statuentes privilegiis, quod Fridericum germanum predicti Rudolfi sibi pro eo regem statuerent, si ipse Rudolfus sine heredibus migraret ex hac luce, hoc ipsum de singulis filiis regis Romanorum promittentes.

Wunsche seines Sohnes Rudolf nachgegeben und, auch auf Bitten und mit Zustimmung der böhmischen Grossen[1]), an seine sämtlichen Söhne das Königreich Böhmen nebst allem Zubehör unter Überreichung der Fahnen in üblicher Weise verliehen, jedoch mit der ausdrücklichen Bestimmung, dass Rudolf und seine männlichen Erben in Böhmen herrschen sollten; stürbe derselbe aber, ohne männliche Nachkommenschaft zu hinterlassen, so sollte je der älteste Bruder mit seinen männlichen Erben ihm in der Herrschaft folgen[2]).

Schon vorher hatte Rudolf zu Gunsten seines Bruders Friedrich auf Oesterreich und Steiermark verzichtet[3]). Am 23. Dezember endlich wurde in Wien ein Schutzbündnis zwischen König Albrecht, König Rudolf von Böhmen — der indes nicht anwesend war —, Herzog Friedrich von Oesterreich, den beiden Pfalzgrafen Rudolf und Ludwig und dem Erzbischof von Salzburg auf Lebenszeit der Beteiligten geschlossen[4]). Albrecht übernahm die Bürgschaft, dass sein Sohn Rudolf diesen Vertrag getreulich halten werde.

Die Erwerbung Böhmens war ein glänzender Sieg des Hauses Habsburg; dasselbe stand nun so mächtig da, dass sein Übergewicht in Deutschland für immer gesichert schien. Die Niederwerfung der Wettiner konnte nur noch eine Frage der

---

[1]) ad ejusdem regni Bohemiae principum, magnatum, baronum et nobilium preces humiles et consensum. Geistlichkeit und Bürger werden nicht erwähnt.

[2]) Emler, nr. 2123; Palacky, Über Formelb., S. 326 fg.

[3]) Wohl gleich nach seiner Belehnung mit Böhmen. Am 23. Dezember 1306 nennt sich Friedrich Herzog von Österreich; gleich nach der Einsetzung Rudolfs in Böhmen hatte aber Albrecht einen Zug ins Osterland gemacht (Vgl. Huber, Gesch. Östr. II, S. 95 u. in „Mitteilungen des Instituts für österreich. Geschichtsforschung", 6. Bd., 1885, S. 401; Wegele, S. 278, Anmerkung 2), wird ihn also vorher mit Österreich und Steiermark belehnt haben. Vgl. Cont. Zwetl. tertia p. 662: Rudolfus .... in regem assumitur .... in ducatum Austrie Friderico fratre suo succedente; und Cont. Sancruc. tertia, p. 733: Eodem anno et tempore Fridericus germanus predicti Rudolfi suscepit regenda gubernacula tocius Austrie et Stirie.

[4]) Kurz II, S. 249 u. 250; Emler, nr. 2116; M. G. LL. II, 488.

Zeit sein. Doch gerade ihnen gegenüber erfuhr der König zuerst den Wechsel des Schicksals. Als er darauf im Sommer 1307 zusammen mit dem inzwischen zum Erzbischof von Mainz erhobenen [1]) früheren böhmischen Kanzler Peter von Aspelt und den beiden Pfalzgrafen Rudolf und Ludwig nach Thüringen zog, erreichte ihn die Kunde vom Tode seines Sohnes Rudolf und dem Sturze der habsburgischen Herrschaft in Böhmen.

König Rudolf war ein tüchtiger Regent[2]) und von dem aufrichtigsten Wunsche beseelt, das Wohl des Landes zu fördern und sich die Liebe seiner neuen Unterthanen zu erwerben. Aber seine Lage war doch eine sehr schwierige. Die Böhmen konnten nicht vergessen, dass er, ein Deutscher, ihnen wider ihren Willen zum König gesetzt war; sie betrachteten ihn deshalb mit Misstrauen und waren geneigt, auch seine in bester Absicht getroffenen Massregeln zu verdächtigen. So liess er es seine erste Sorge sein, die durch die letzten Kriege und die Verschwendung Wenzels III. zerrütteten Finanzen des Reichs zu ordnen, und wies zur Bezahlung der Schulden wöchentlich 1000 Mark aus den königlichen Einkünften an. Um dies zu ermöglichen, sah er sich genötigt, bei Hofe die grösste Sparsamkeit einzuführen und die meisten Bedürfnisse seines Haushalts, wie Wein, Getreide, Oel und dgl. direkt aus Oesterreich zu beziehen. Hierdurch zog er sich den Unwillen der Prager Kaufleute zu, die ihn spottweise den „Warenprovisor" nannten. Auch missfiel den Böhmen seine fremde Umgebung, Deutsche sassen in seinem Rat. Bei solcher Stimmung wagte die Partei des Herzogs von Kärnten, welche im westlichen Böhmen ihren Sitz hatte[3]), zu offener Empörung zu schreiten. Rudolf, der mit Milde und Gutmütigkeit eine grosse Thatkraft verband, zog im Sommer 1307 gegen sie zu Felde, eroberte die Burgen

---

[1]) Am 10. November 1306 von Clemens V; siehe „Mitteilungen aus d. vatikan. Archiv", Nr. 682.

[2]) Chron. Aulae regiae, cap. 85, p. 213: Princeps siquidem mox iste in regni sui principio communibus insistebat profectibus; erat enim veraciter homo variis virtutum ac gratiarum dotibus insignitus.

[3]) Vgl. Horcicka a. a. O., S. 196—197.

der aufrührerischen Edelleute und würde in kurzer Zeit die Erhebung niedergeschlagen haben, wenn er nicht bei der Belagerung von Horazdiowitz, einer Burg des Bawor von Strakonitz, einem heftigen Ruhranfall erlegen wäre. Er starb am 4. Juli 1307, im 9. Monat seiner Regierung, und wurde im Prager Dome bestattet. Seiner Gemahlin Elisabeth hatte er, ebenso wie ihr erster Gemahl Wenzel, 20000 Mark Silber vermacht und als Pfand die Städte Königgrätz, Hohenmauth, Chrudim, Policka und Jaromier bestimmt. Diese bildeten später die Stütze der österreichischen Partei in Böhmen.

Die Nachricht von Rudolfs Tode verbreitete sich wie ein Lauffeuer durch das Land und erregte allenthalben grosse Freude. Man war entschlossen, trotz der von den Grossen beschworenen Erbfolgeordnung keinen Habsburger wieder auf dem Throne zu dulden, und sandte sogleich Boten an den Herzog von Kärnten, ihn zur Rückkehr einzuladen. Dagegen war der Bischof von Olmütz, der gesamte Adel und ein Teil [1]) der Städte Mährens bereit, dem Herzog Friedrich zu huldigen.[2])

Böhmen befand sich in wilder Aufregung; die Oesterreicher, welche mit Rudolf nach Prag gekommen waren, verliessen eiligst das Land. Unter den Böhmen selbst fand sich nur eine kleine aber angesehene Partei, die an der beschworenen Erbfolgeordnung festhielt. An der Spitze der „Nationalen" stand der Bischof Johannes von Prag, ein erbitterter Gegner der Habsburger [3]). In seinem Palaste fanden die stürmischen

---

[1]) Vgl. Huber, Gesch, Österreichs II. S. 97.

[2]) Vgl. Brief des Bischofs Johann von Olmütz und aller mährischen Edlen an Herzog Friedrich vom 31. August (1307) bei Lichnowsky II, p. CCCVI u. Emler, nr. 2141. Die Jahreszahl ist nicht angegeben, doch kann darüber kein Zweifel sein, da in der Urkunde von König Albrecht als einem Lebenden, von Rudolf dagegen als einem Toten die Rede ist.

[3]) Der Domherr Franz weiss über des Bischofs Verhältnis zu König Rudolf folgendes zu berichten (Fontes rerum Bohem. IV, p. 371): Rex (scil. Rudolfus) multas injurias venerabili in Christo patri domino Johanni quarto, dei gratia episcopo Pragensi vicesimo septimo intulit; und an einer anderen Stelle (ebenfalls IV, p. 371): Et idem ille rex Ru-

Beratungen statt, an seiner Seite wurde der Marschall des
Königreichs, Tobias von Bechin, von Ulrich von Lichtenburg
und dessen Neffen Hynek, genannt Kruschina, ermordet, als
er an die beschworenen Verträge erinnerte und auf die Gefahr
aufmerksam machte, der sich das Land durch Nichtbeachtung
derselben aussetzen würde. [1]) Diese unerhörte Gewaltthat blieb
nicht nur ungestraft, sondern fand Nachahmung in der Stadt,
wo der Bürger Hiltmar, Fridingers Sohn, durch Nikolaus Tausendmark und andere in der Nähe der Jakobskirche erschlagen
wurde. Der reiche Prager Bürger Wolfram, das Haupt der habsburgischen Partei unter den Bürgern, entging dem gleichen
Schicksal nur durch eilige Flucht. Nachdem auf solche Weise
jeder Widerspruch erstickt war, erfolgte am 15. August [2]) die
Wahl Heinrichs von Kärnten zum König von Böhmen. [3]) Er
kam alsbald mit seiner Gemahlin durch Bayern herbei und
wurde überall mit Jubel begrüsst. In ihm, als dem Gemahl
der Prinzessin Anna, sah man nicht den Deutschen — und er
war doch ein deutscher Fürst —, sondern das Haupt der
Nationalpartei und vor allem den Feind der Habsburger, denen
er so nahe verwandt war. Er verkannte nicht die Schwierigkeit seiner Lage, war aber entschlossen, sich diesmal mit Ehren
zu behaupten. Zu dem Zwecke verband er sich mit dem
Grafen Eberhard von Würtemberg und dem Markgrafen Friedrich
dem Freidigen von Meissen. Am 27. August versprach er
ersterem, die gewöhnlichen Kosten für seine Leute vom Tage
seines Eintritts in Böhmen an zu vergüten und seinen Schaden

---

dolfus caput sanctae Margarethae virginis et alia multa clenodia et
sanctuaria ab ecclesia Pragensi alienavit, propter quod deus justus judex dies ejus abbreviavit.

[1]) Chron. Aulae regiae, cap. 86, p. 216.

[2]) Über das Datum siehe Palacky, Gesch. II, 2, S. 57, Anmerkung 70.

[3]) Auch die deutsche Bürgerschaft war grösstenteils für
Heinrich; vgl. Schlesinger, die Deutschböhmen und die Regierung Heinrichs von Kärnten (in „Mitteilungen d. Ver. für Gesch. d. D. in Böhmen"
1867, S. 71 u. 72).

zu ersetzen;[1]) und am folgenden Tage verschrieb er demselben, wenn er mit möglichst vielen Truppen ihm zu Hilfe zöge, 4000 Mark Prager Denare, von denen die Hälfte innerhalb vierzehn Tagen nach des Grafen Ankunft in Böhmen, der Rest bei dessen Abzuge gezahlt werden solle.[2]) Für die richtige Zahlung des Geldes verbürgten sich mehrere böhmische Adlige.[3]) Am 11. Februar 1308 endlich wurde zwischen beiden Fürsten ein Bündnis auf 10 Jahre abgeschlossen und namentlich gegen König Albrecht gerichtet. Eberhard erhielt gegen das Versprechen, dem König Heinrich mit aller Macht beizustehen, 10 000 Mark Hilfsgelder zugesagt.[4]) Er kam wiederholt nach Böhmen, wo er sich auch zur Zeit der Ermordung Albrechts befand.[5])

Wichtiger noch war Heinrichs enges Bündnis mit seinem Schwager, dem thatkräftigen Markgrafen Friedrich von Meissen, für den alles von der Entwickelung der böhmischen Angelegenheit abhing. Gelang es Albrecht, dieses Reich seinem Hause zu erhalten, so waren auch Meissen und Thüringen für Friedrich verloren, denn der gesamten Macht des Königs hätte er keinen nachhaltigen Widerstand leisten können. Seine Interessen waren daher mit denen des böhmischen Königs eng verknüpft. Der Markgraf kam selbst nach Prag und schloss hier — wohl am 1. September — einen Vertrag mit Heinrich ab, durch welchen sich beide Fürsten zu gegenseitiger Hilfe gegen den deutschen König verpflichteten. Der Vertrag selbst ist nicht erhalten, sondern nur eine Urkunde des Markgrafen Friedrich vom 1. September 1307, in welcher derselbe verspricht, dem König Heinrich und dessen Leuten, mit denen dieser ihm gegen seine Gegner zu helfen versprochen habe, von dem Tage der Ueberschreitung der Grenzen seines Gebietes an die nötigen Kosten solange zu ersetzen, als jene zu seiner Unterstützung zugegen seien. Auch wolle er ihnen allen Schaden, welchen sie während dieser Zeit

---

[1]) Emler, nr. 2139.
[2]) Emler, nr. 2140.
[3]) Emler, nr. 2138.
[4]) Böhmer, Reg. imp., Addit. II, p. 424, nr. 438.
[5]) Vgl. P. Fr. Stälin, Gesch. Württembergs I, 2, S. 478.

von seinen Gegnern erleiden würden, vergüten [1]). Hieraus ergiebt sich also, dass König Heinrich dem Markgrafen Hilfe zugesagt habe; das Umgekehrte ersehen wir aus einer Urkunde vom 10. Oktober 1307, in welcher bei Gelegenheit einer Geldanweisung an einen Prager Bürger erwähnt wird, dass Heinrich dem Markgrafen 2000 Mark Prager Gewichts zu zahlen versprochen habe [2]). Der Markgraf hat sich also, wie es scheint, gegen Zahlung von 2000 Mark zu einer bestimmten Hilfe verpflichtet. [3])

Endlich stand noch auf seiten Heinrichs der Herzog Stephan von Niederbayern, der Bruder Ottos; letzterer war von seiner abenteuerlichen Königsfahrt nach Ungarn noch nicht zurückgekehrt.

König Albrecht hatte, wie schon erwähnt, die Nachricht vom Tode seines Sohnes in Thüringen erhalten [4]) und sogleich beschlossen, von diesem Lande abzulassen und persönlich die böhmische Thronfolge zu regeln. Er kam nicht früh genug, um den gegen seine Dynastie gerichteten Bestre-

---

[1]) Emler, nr. 2142 u. vollständig in „Neues Archiv für sächs. Gesch. und Altertumskunde" Bd. 10, 1889, S. 21—22.

[2]) Emler, nr. 2150.

[3]) Vgl. Woldemar Lippert, Meissen und Böhmen in den Jahren 1307—1310 (in „Neues Archiv für sächs. Gesch. u. Altertumsk." Bd. 10, S. 1—25). Lippert weist in dieser Abhandlung auch nach, dass das Schutz- und Trutzbündnis, welches der junge Markgraf von Meissen im Namen seines Vaters mit König Heinrich schloss, worin dieser sogar die Nachfolge in Böhmen und Mähren den Markgrafen zusicherte, nicht, wie Kopp (III, 2, 375), Wegele (S. 290) und Heidemann (Peter v. Aspelt, S. 66) meinen, in das Jahr 1307, sondern in den Herbst oder Winter 1309/1810 gehört. Palacky (Gesch. II, 2, 79—80) hatte dasselbe in den Sommer 1810 gelegt. Von diesem Vertrage ist nur das undatierte Konzept erhalten. Einen Auszug daraus hat Kopp III, 2, 375, Anmerkung 3 und nach ihm Emler, nr. 2143 gegeben. Vollständig hat die drei Entwürfe mitgeteilt W. Lippert a. a. O., S. 22—24.

[4]) Doch wohl ziemlich spät. Wäre ihm, wie Wegele (S. 283) meint, schon in Langensalza, wo er am 10. Juli stand, die Nachricht zugekommen, so hätte er eher in Böhmen sein müssen als Ende August, zumal er gerüstet war. Am 22. Aug. ist er bei Königsberg unterhalb der Stadt Eger. Vgl. Emler, nr. 2137.

bungen der Böhmen noch mit Erfolg entgegentreten zu können. Schon war Heinrich von Kärnten angelangt, zum König gewählt, die habsburgische Partei unterdrückt, die Österreicher aus dem Lande geflohen. Noch auf dem Marsche durch das Oster- und Egerland wird den König die Kunde von diesen Vorgängen erreicht haben. Er sprach deshalb über Heinrich von Kärnten die Acht aus, befahl seinem Sohne Friedrich, mit österreichischen Truppen in Böhmen einzudringen, während Ulrich von Wallsee, der Landeshauptmann von Steiermark, und der Erzbischof Konrad von Salzburg in Kärnten, die Grafen von Görz und Ortenburg in Krain einfallen sollten. Da beide Länder fast von Verteidigern entblösst waren, wurden sie leicht erobert [1]).

König Albrecht hatte sich inzwischen mit Herzog Friedrich, welcher durch Mähren herangezogen war, vereinigt und lagerte im September zwischen Kolin und Kuttenberg. Raub und Verwüstung hatten seinen Weg bezeichnet, doch war es ihm trotz seines grossen Heeres [2]) nicht gelungen, viele feste Plätze zu nehmen. Vergeblich belagerte er nun Kuttenberg, vergeblich das durch Heinrich von Lipa und Johann von Wartenberg verteidigte Kolin [3]); die Böhmen schlugen jeden Angriff mannhaft ab und fügten dem feindlichen Heere grosse Verluste zu. Die Königin-Witwe Elisabeth, welche sich in Prag Beschimpfungen von seiten der Partei des Kärntners ausgesetzt sah, entfloh heimlich mit ihrer kleinen Tochter Agnes in das Lager des Herzogs Friedrich [4]) und übergab die ihr von Rudolf als Leibgeding verschriebenen Städte an Albrecht und Friedrich. Diese legten Besatzungen hinein und zeichneten sie durch Privilegien aus [5]).

---

[1]) Cont. Weichardi de Polhaim, p. 818.
[2]) Vgl. Cont. Weich. de Polhaim, p. 818.
[3]) Vgl. Chron. Aulae regiae, cap. 86, p. 217. Nach Joh. Victor. ap. Böhmer, Fontes I, 353 soll Konrad von Aufenstein in Kuttenberg befehligt haben, doch ist derselbe, wie Wold. Lippert a. a. O. nachweist, erst 1309 nach Böhmen gekommen. Im Jahre 1307 verteidigte er Kärnten gegen die Steierer und Salzburger. Danach ist auch Huber, Gesch. Östr. II, S. 98 zu berichtigen.
[4]) Chron. Aulae regiae, cap. 86, p. 217.
[5]) Böhmer, Reg. Albrechts, Nr. 587; Emler, ar. 2149.

Anfang Oktober gaben sie die erfolglose Belagerung auf;
der bevorstehende Winter, Hunger und Krankheiten, eine Folge
der Verwüstungen, welche ihre eigenen Heere angerichtet
hatten, nötigten sie zum Rückzuge. Am 5. Oktober waren sie
bei Oppatowitz[1]) im Chrudimer Kreise, wo Albrecht noch am
11. Oktober eine Urkunde ausstellte[2]), am 17. bei Znaim[3]) und
am 27. Oktober in Enns in Oberösterreich. König Heinrich
störte ihren Rückzug nicht, unternahm auch nichts, um die in
den oben[4]) genannten fünf Städten und Mähren zurückgelassenen schwäbischen und österreichischen Besatzungen zu
vertreiben. Diese machten im folgenden Winter, besonders im
Königgrätzer und Chrudimer Kreise, häufige Einfälle in das benachbarte Gebiet. Sie kämpften mit wechselndem Glücke;
mancher kühne Streich soll ihnen gelungen sein, aber auch
eine blutige Niederlage hatten sie zu verzeichnen[5]). Bei Hohenmauth fiel eine Anzahl Schwaben und Elsasser in einen Hinterhalt und wurde nach tapferer Gegenwehr vollständig vernichtet,
keiner entkam. Doch erst nach dem Tode Albrechts verliessen
die Besatzungen das Land.

Im Winter 1307/8 war Herzog Friedrich eifrig bemüht,
sich Bundesgenossen für den nächsten Zug nach Böhmen zu
erwerben. Er schloss ein Bündnis mit dem Grafen Heinrich
von G rz und dem Patriarchen Ottobono von Aquileja und
sicherte sich durch Geld den Beistand ungarischer Magnaten[6]).
Ulrich von Wallsee wurde Befehlshaber in Brünn, um Mähren
in der Treue zu erhalten und die Vorgänge in Böhmen zu
beobachten. So hatte Friedrich alles vorbereitet und wartete
nur auf einen Wink seines Vaters, um gegen Böhmen loszubrechen.

König Albrecht hatte den Winter im westlichen Deutschland zugebracht. Nach nur kurzem Aufenthalt in Oesterreich

---

[1]) Emler, nr. 2149.
[2]) Böhmer Reg. Albrechts Nr. 588.
[3]) Emler, nr. 2153.
[4]) S. 66.
[5]) Chron. Aulae regiae, cap. 86, p. 218; Reimchronik, Kap. 792.
[6]) Reimchronik, Kap. 792.

war er über Bayern, durch welches Land er sich den Durchzug erzwingen musste,[1]) nach Nürnberg gekommen, wo er längere Zeit blieb. Im Januar des folgenden Jahres erschien er auf die Bitten der Bewohner von Eisenach noch einmal in Thüringen, aber ohne Heer, konnte daher die Edlen des Landes nicht zur Huldigung bewegen. Er drohte, zu Anfang des Sommers mit einem Heere zurückzukehren. Darauf bereitete er die umfassendsten Rüstungen für den böhmisch-meissnischen Feldzug vor,[2]) war im März in Frankfurt, begab sich von da in Begleitung seines Sohnes Leopold, seines Neffen Johannes, des Erzbischofs Peter von Mainz, des Herzogs Ludwig von Bayern und des Bischofs von Strassburg den Rhein aufwärts nach Baden, um auch in seinen Stammlanden Truppen auszuheben, da fiel er am 1. Mai durch die Hand seines Neffen. Die Motive dieser verbrecherischen That zu erörtern, gehört nicht hierher, doch darf nicht unerwähnt bleiben, dass wahrscheinlich die Nichtbeachtung der Ansprüche, welche Johannes als Enkel Ottokars II. auf Böhmen zu haben glaubte, den Groll, welchen er auch aus anderen Gründen gegen seinen Oheim hegte, bis zum Verbrechen steigerte.[3])

Albrechts Tod war für das Haus Habsburg ein schwerer Schlag, doppelt schwer in einer Zeit, in welcher durch ein widriges Geschick alle Erfolge seiner Hauspolitik in Frage gestellt waren. Böhmen konnte erleichtert aufatmen, denn es war von einem gewaltigen Gegner befreit, der ohne Zweifel seine Absicht in Bezug auf dieses Land erreicht haben würde, wenn nicht der Tod ihm Halt geboten hätte. Herzog Friedrich konnte nicht hoffen, mit seiner Macht allein Er-

---

[1]) Chron. Sampetr., p. 148. Ann. Osterhov., p. 555.
[2]) Monach. Fürstenfeld. chron. ap. Böhmer, Fontes I, p. 28.
[3]) Ann. Osterhov., p. 552: Post hec diversas tirannides exercens in suos, cum maneret in terra Alsacie circa Renum in hereditate paterna in festo apostolorum Philippi et Jacobi, recipiens vicem fraudis quam fecerat in suum predecessorem, a fratruele suo duce Johanne, quem exheredaverat a regno Bohemorum propter filios suos, quos ibi voluit esse heredes, gladio transfixus subito occubuit. Vgl. Heidemann, Peter v. Aspelt, S. 69 u. 70; Forschungen IX, S. 329 fg.

folge in einem Lande zu erzielen, wo ihm so wenig Sympathien entgegengebracht wurden, dessen Bevölkerung entschlossen war, ihn nicht anzuerkennen. Vielleicht machte er im Juni 1308 noch einen Versuch, den böhmischen Thron zu gewinnen,[1]) aber, wie vorauszusehen, ohne Erfolg. Am 14. August desselben Jahres verzichtete er im Frieden zu Znaim gegen eine Entschädigung von 45000 Mark für ewige Zeiten auf Böhmen und Mähren.[2])

Trotz dieses Verzichtes verloren die Habsburger den ihnen von Albrecht I. vorgezeichneten Plan der Erwerbung Böhmens nicht aus den Augen; ja, dem hochstrebenden Herzoge Rudolf IV. schwebte schon der Gedanke einer Vereinigung von Böhmen, Oesterreich und Ungarn, also die Gründung der späteren habsburgischen Grossmacht, vor. Ich erinnere nur an die Erbverträge Rudolfs IV. mit Ludwig dem Grossen von Ungarn und den Luxemburgern vom Jahre 1361 und 1364.[3]) Vorübergehend gelang auch schon im folgenden Jahrhundert die Verwirklichung dieser Absicht unter Albrecht II. (V) und seinem Sohne Ladislaus, aber nach des letzteren Tode wurden in Böhmen und Ungarn nationale Herrscher gewählt. Doch die Versuche, aus böhmischen, deutschen und ungarischen Ländern ein grosses Reich zu bilden, hörten deshalb nicht auf; der glänzende Ungarnkönig Matthias Corvinus wurde der Erbe der habsburgischen Bestrebungen: von Wien aus beherrschte er eine Zeitlang den grössten Teil der genannten Gebiete. Nichtsdestoweniger erreichten die Habsburger durch immer wieder erneuerte Erbverträge und glückliche Heiraten, was durch Gewalt nicht hatte gelingen wollen: Böhmen und Ungarn fielen 1526 an Oesterreich, die habsburgische Grossmacht war geschaffen. Die Eigenschaft, welche Albrecht I. ausgezeichnet hatte, Nachhaltigkeit in Verfolgung einmal gefasster Pläne, hat das habsburgische Haus endlich zum vorgesteckten Ziele geführt.

---

[1]) Palacky, Gesch. II, 2, 65.
[2]) Emler, nr. 2183; Böhmer, Reg., Addit. II, p. 502.
[3]) Vgl. Huber, Gesch. Oesterreichs II, S. 267 und 279.